図書館員のための
PR実践講座

―味方づくり戦略入門―

仁上 幸治

樹村房

装丁・デザイン／菊地博徳（BERTH Office）
イラスト／大毛里紗（BERTH Office）

まえがき

　図書館情報学では広報というテーマは正面から取り上げられることがほとんどなく，図書館員にとっては苦手な分野です。図書館が世間から隔絶した狭い世界にひっそりと隠れているあいだに，図書館員の専門性に対する社会的評価は低下の一途をたどり，直営館の正規職員としての就職口はほとんどなくなってしまいました。自己アピールと説明責任の時代に変わっていた世の中から完全に置いていかれたのです。

　厳しい逆風の時代に，図書館と図書館員がプロとしての存在感を取り戻すにはどうすればよいのでしょうか。一つの答えが広報の中にあることは間違いありません。司書としての現場経験と司書課程・司書教諭課程の教員経験の中で，筆者は図書館の広報，利用者教育，ブランディング関係の知識・技能の強化が必要不可欠であることを痛感し，全国各地の現職者研修で160回以上の講演活動を続けてきました。

　本書は，その内容のエッセンスを，現職者・初学者が手軽に読めてすぐに実務に役立てられるよう，わかりやすくまとめた入門書です。

　内容は，PR（パブリック・リレーションズ）の意味での広報について，よくある誤解を解くことから始めて，理論の枠組みと目標を整理し，その実現に向けて実施するべき方法手段を具体的に提示したものです。プロの図書館員の新しい仕事について生き生きしたイメージを持っていただけるよう，実際に先進的なサービスを展開している図書館の事例も写真入りで紹介してあります。

　全国の図書館関係者のみなさんには，現場での実践や自己研鑽の自習用・研修用のテキストに，そして図書館情報学や司書課程・司書教諭課程の授業用サブテキストに，本書を活用していただきたいと心から願っています。

図書館員のためのPR実践講座
― 味方づくり戦略入門 ―

もくじ

まえがき ……………………………………………… 3

01 いま図書館員に求められる専門性 ……………… 9
逆風に負けないプロの実力を身につける
- 「専門性」4点セットは有効だったか？ …………… 9
- 「専門性」への逆風 ………………………………… 10
- 求められる新しい専門性 …………………………… 11
- 「専門性」論の破綻 ………………………………… 12
- 図書館利用教育から情報リテラシー教育へ ……… 13

02 新しい図書館員像を目指す …………………… 18
ガイドラインが描く専門家の条件
- 図書館利用教育の目標と方法 ……………………… 18
- 5領域のポイントを押さえる ……………………… 19
- 新しいプロのイメージ ……………………………… 22
- 部分的・段階的にできることから ………………… 23

03 大学の情報リテラシー教育への直接貢献 …… 24
教育・研究に図書館がどう役立っているか
- 「待ち」から「攻め」へ …………………………… 24
- 理念, 目標, 方法の全体像を知る …………………… 26

04 くらしの中の情報リテラシー教育 ……… 27
学校図書館・公共図書館の生き残り策
- 生涯学習の大枠の中で考える ……… 27
- 学校図書館の存在感アピール ……… 28
- すぐに効果が出る取り組みから ……… 29
- 「楽しむ」「集まる」ための地域拠点としての
  公共図書館の生き残り ……… 30
- 現職図書館員自身の個の能力アップから ……… 31
- [実践事例]神奈川県立川崎図書館 ……… 33
- [実践事例]十文字中学・高等学校 ……… 37

05 「広報=お知らせ」という誤解から抜け出す ……… 41
PRの正しい理解が出発点
- 「広報=お知らせ」という誤解 ……… 41
- 「PR」の正しい理解 ……… 42
- 余力がなくても省けない本来業務 ……… 43

06 発想力で勝負するPR実践事例 ……… 44
前例にとらわれずに未開拓分野に挑む
- [実践事例]小山市立中央図書館 ……… 45

07 ニーズこそサービスを考える大前提 ……… 51
非営利組織のマーケティングから学ぶ
- ニーズがサービス計画の大前提 ……… 51
- 問われるのは経営の能力と姿勢 ……… 52
- 簡単に導入できる方法の開発 ……… 52
- 管理・運営から経営へ ……… 53
- 今すぐできるデータ収集から ……… 53

08 経営を大胆に見直す ……………………………… 55
PRとマーケティングは図書館経営の観点から
- まずはビジュアルチェックから ……………………… 56
- デザインが経営を変える ……………………………… 56
- 利用促進は何のためか？
  図書館経営の観点に立ってはじめてわかること ……… 57
- サービスと予算の不足は言い訳にならない ………… 58
- ［実践事例］寄居町立図書館 ………………………… 59

09 図書館のアイデンティティを確立する ……… 63
CIの考え方を応用する
- 大前提としてのアイデンティティ …………………… 63
- ［実践事例］千代田区立千代田図書館 ……………… 64

10 PR媒体には目を引き読ませる技を使う …… 67
レイアウトの基礎を手早く学ぶ
- 自分のセンスはあてにならない ……………………… 67
- レイアウトの基礎理論を学ぶ ………………………… 68
- 実務に応用するコツ …………………………………… 70

11 ポスターは「目立つ」が命 …………………… 73
図書館イメージ戦略のトップバッター
- 宣伝やイメージアップに効果的 ……………………… 73
- いかにアピールするか ………………………………… 74
- キャッチコピーは真似することから ………………… 74
- レイアウトのポイント ………………………………… 75

12 サインは「おもてなし」の入口 ……………… 77
誘導と説明の中でよいイメージを伝える
- 誘導案内と印象づけの両方の機能 …………………… 77

- ・「サイン」活用のポイント ─ 78
- ・[実践事例]さまざまな工夫が施されたサイン例 ─ 79
- ・[実践事例]山梨県立図書館 ─ 81

13 掲示にもルールがある ─ 83
雑然・難解から整然・明解へ
- ・住み分け原則で ─ 83
- ・受け手側の視点を忘れずに ─ 84
- ・わかりやすくシンプルに！ ─ 84

14 パンフレット・リーフレットはシリーズ展開の勝負 ─ 86
違いがわかる形, 色, 番号で
- ・「利用案内」は図書館の"名刺" ─ 86
- ・「いいとこ取り」の切り貼り細工 ─ 88
- ・一点豪華主義を捨てる ─ 88
- ・誰がいつどう読むかを想定 ─ 88
- ・単品ではなくシリーズ展開を ─ 90
- ・セクショナリズムを超える情報共有 ─ 90
- ・実業界の好例を真似してみる ─ 91
- ・自前手作り路線の限界を知る ─ 91
- ・完成度の追求は外注で ─ 92

15 PR紙は活動アピールの強力媒体 ─ 93
役立つ記事満載で次号への期待を高める
- ・伝統的な「館報」を超えて ─ 93
- ・図書館界の会報類を見直す ─ 94
- ・読んでもらう工夫を ─ 95
- ・刊行物の基本を整える ─ 96
- ・対象者別に媒体を分ける ─ 96
- ・マンネリ化を避ける ─ 98

16 ホームページは図書館の新しい顔 …… 99
デザインは何より基本に忠実に！
- 三層構造で考える ……………………………………… 99
- ホームページづくりの一般的な原理原則 …………… 100
- 情報サービス業界での差別化 ………………………… 102
- 自館ならではの存在感を訴求 ………………………… 102
- パスファインダーは情報探索支援のエース ………… 103

17 図書館グッズで笑顔の連鎖を …… 105
つくれば元気の泉わく！
- 利用者も図書館員も笑顔になれる「魔法のツール」 …… 105
- 多種多様な図書館グッズ 企画次第でもっと広がる！ …… 106
- 図書館グッズの動向
  アメリカ図書館協会（ALA）の取り組み …………… 107
- メディアミックスの考え方を！ ……………………… 108
- キャラクターづくりは次のステージへ ……………… 108
- ［実践事例］北区立中央図書館の
  「ドナルド・キーンコレクション」グッズ ………… 109
- 「りてらしい」グッズ ………………………………… 110

あとがき ……………………………………………………… 111
引用・参考文献 ……………………………………………… 112
索引 …………………………………………………………… 119

いま図書館員に求められる専門性
逆風に負けないプロの実力を身につける

　図書館のPRがなぜ必要なのかを考える前に，まずはいま，図書館員にどのような能力が求められているのかを考えてみましょう。

「専門性」4点セットは有効だったか？

　図書館員というのはどのような専門職なのでしょうか。ここでまず考え直してみなくてはならないのは，30年前に言われていた，以下三つの専門性です。
　①書誌知識　　　②主題知識　　　③語学力
　20年前には，コンピューター化の時代がやってきて，④コンピューターの知識・技能が追加されました。

現職図書館員は，学生時代に学んだ図書館学の中でも図書館への就職後も，もう何十年来，図書館員はこうでなければと言われ続け，司書課程や，各種の研修，さらにプライベートな自己研鑽などで努力を重ねてきました。みなさんご自身はどうでしょうか？
　確かに，これらの能力はもちろん，ないよりはあるほうがよいし，少しあるよりもたくさんあるほうがよいでしょう。しかし，もしも，この四つの条件が高いレベルで備わっていたら，と考えてみると，はたしてそんな有能な人材が図書館で仕事を続けているのか，という奇妙な逆説に陥ってしまいます。
　実際，能力が高い人材が他の部署へ引き抜かれてしまったり，別な業界へ転職してしまったりということは珍しくありません。理想の姿に近づくほど，図書館から出て行ってしまうという現実を見ると，図書館員の専門性の条件とは何なのか，自信がなくなってきます。

「専門性」への逆風

　そしていま，図書館員の専門性を根本から揺るがしているのが，図書館界に吹いている逆風です。
　情報サービス業界の中で図書館界全体が地盤沈下している状況に直面して，個々の図書館は「サバイバル競争の時代」に入っています。図書館界における自分の図書館の特徴・個性が問われています。そして自治体，学校，大学，企業などの親組織の中で図書館という部署の貢献度が厳しくチェックされるようになっています。
　親組織は，ミッションであるサービスの向上のために施設や機器には巨額の投資を行うと同時に，費用対効果に厳しい目を向ける時代になっています。話題性や集客力の目玉になるような施設を造り，運営する一方で，人件費の節減をぎりぎりまで追求するようになりました。
　平たく言えば，狙われるのは役に立っているのかいないのかわからないような組織だということです。
　1990年代に顕著になり始めた図書館員の非専任化と外部委託の流れは，今では主流となり，直営の図書館に専任職員を新規採用する自治体はごくわずか

な少数派になっています。結果として，大学で司書資格を取得しても，図書館の正規職員として採用される道はほぼ閉ざされてしまいました。専門職制度の崩壊です。

求められる新しい専門性

　この現実を直視して，図書館界にはいったい何が不足していたのかを謙虚に考え直す必要があります。
　サービス改善やイベント企画，コミュニティへの広報などの積極姿勢が求められるようになった現時点で省みれば，少なくとも20年前の時点で，図書館の現場で本当に必要とされていた「専門性」として，⑤指導力(指導サービス実施能力)，⑥企画広報力，⑦組織力，⑧政治力などが不足していたのではないか，と思われます。
　これらの能力要件は，いずれも図書館員が従来の司書養成課程や実務研修で教えられていなかった苦手な分野です。こうした落とし穴が，司書職の社会的評価の急落原因(の一つ)となったことは間違いありません。
　本書では，特に教育的指導や企画広報にかかわる「伝える力」「教える力」こそが「専門家」のイメージを形成する決定的要素となるという視点から，課題と対策を整理していきます。

■非専任化・外部委託の増大
　人件費が削られると，当然ながら専任正規職員が減って，嘱託・派遣職員が増え，業務の外部委託が拡大していきます。ベテラン職員の図書館外への異動や定年前退職も多くなります。

■知識インフラの空洞化
　人の流動化が進んだ結果，長年図書館員が積み重ねてきた知識や技能が次世代に引き継がれなくなっていきます。やっと引き継いだと思ったらその人が辞めてしまい，また新しい人が来たからゼロから教えなくてはならないということが常態化していきます。

■図書館員の情報リテラシーの陳腐化
　さらに，日々進展する技術革新に対して図書館員自身の情報リテラシー(情

報活用能力)が陳腐化していきます。日常業務に追われ,研修に行く時間がなかなかとれなくなります。文献データベースは,少し目を離すと中身も操作法も大幅に変わってしまうことがよくあります。利用者に指導する以前に,図書館員自身がその変化に追いつけないという深刻な事態に陥ります。

■ 図書館員の事務能力への疑問符

新しいサービスを展開できない理由として,図書館員は「忙しい」という言葉をよく使います。しかし,なぜ「忙しい」のか,その原因を掘り下げて省力化を図る努力は十分だったでしょうか。

図書館員は専門家である以前に,職場での仕事を効率的にこなすために基本的な事務能力を備えていなければなりません。ところが,親組織の職員の平均的な事務能力と比べて,かなり下回っているのではないかという疑問の声を耳にします。

「専門性」論の破綻

こうした状況が厳しい逆風となって,図書館員が目指していたはずの職業的専門性は崩壊の方向へ一気に動き出したのです。

結局,専門性の4点セットでは,図書館員の社会的地位の向上どころか,地位の低下を防ぐことさえできなかったのです。

たとえば専門職の典型である医師や弁護士の場合,資格を取って就職口がないという事態は社会問題になります。いまや司書の資格を取っても公共図書館の正規職員の就職口はほとんどありません。司書課程のある大学でさえ,司書課程の卒業生を自分の大学の図書館員に採用することはめったにありません。どうしても図書館で働きたい人は派遣や委託の会社で非正規職員になるか,無給あるいは低賃金のボランティアになるしかありません。

職種としての図書館員が,いわゆる「ワーキングプア問題」を報じる新聞記事の中で繰り返し挙げられるようになっているということは,コンビニのアルバイターなどと同程度の,専門性の低い職種と見られていることを示しています。専門職としての社会的評価はほぼ失われてしまったのです。

図書館利用教育から情報リテラシー教育へ

　このような無惨な状況の中で，現職図書館員や司書課程で学ぶ図書館員志望学生は，何を目指して努力すればよいのでしょうか。

　図書館員が高い専門性のある職種として社会的に認知され，それに見合った待遇を受け，誇りを持ってサービス向上と自己研鑽に励めるようにするには，どんな条件を整備すればよいのか。これが現在の図書館界最大の課題であることに異論はないでしょう。

　日本図書館協会（JLA）は1989年，図書館利用者教育臨時委員会を設置しました。その研究と実践の最初の成果が『図書館利用教育ガイドライン』（2001年）です。

　サブタイトルは「図書館における情報リテラシー支援サービスのために」となっています。図書館利用(者)教育というのは，実は図書館における情報リテラシー教育，あるいは教育支援・学習支援サービスであるべきだという主張が込められています。

　図書館利用教育と情報リテラシー教育，この二つの概念はどう違うのかを整理しておきましょう。図書館利用教育では，教える内容は図書館の利用法（使い方）です。図書館というものが誕生した時代から，なんらかの形で行われてきたものです。これに対して，情報リテラシー教育では，情報源が多様化し，図書館の外にもさまざまな情報源が存在し，人々がわざわざ図書館に行かなくても情報を入手できる環境が整ってきた状況においては，図書館活用法を含めて，より広く情報活用法全般を教える必要があると考えるのです。

　すべての図書館利用者が，図書館を含む情報環境を上手に活用する能力を身につけられるよう支援すること，それが図書館と図書館員に求められているのです。

資料１．図書館利用教育の目標と方法一覧(日本図書館協会図書館利用教育委員会編『図書館

Ⅲ．目標

	領域1 印象づけ	領域2 サービス案内
目標	以下事項を認識する。 1．図書館は利用者の年齢にかかわらず，知る権利・読書の自由を保障する 2．図書館は生活，学習，研究を情報面から支援する開かれたサービス機関 3．図書館は利用者の自立を支援する教育機関 4．図書館は憩い，集い，語らうことのできる広場 5．図書館は種々のメディアを提供する機関 6．図書館は物理的な空間というより世界に開かれた情報の窓 7．図書館は気軽，便利，快適で自由な場 8．情報活用能力（情報リテラシー）の重要性	以下事項を理解する。 1．自分の学校の図書館の特徴 2．施設，設備の配置 3．検索ツールの配置と利用法 4．参考ツールの存在と有効性 5．利用規定（開館時間等） 6．サービスの種類（貸出，予約，リクエスト，レファレンスサービス，情報検索，相互貸借，複写サービス，読書案内，アウトリーチ等） 7．図書館員による専門的なサービスが受けられること 8．図書館員による懇切，丁寧な案内，支援，協力が受けられること 9．利用マナー 10．行事（講演会，展示会，ワークショップ，上映会等）の案内 11．館種の特徴と役割分担

利用教育ハンドブック：大学図書館版』日本図書館協会, 2003, p.7-8.)

領域3 情報探索法指導	領域4 情報整理法指導	領域5 情報表現法指導
以下の事項を理解し習得する。 1．情報探索法の意義 2．分野ごとの情報伝達形態の違いと固有の資料の存在 3．情報の特性の理解と評価のポイント（クリティカルリーディング等） 4．資料の基本タイプと利用法（図書，雑誌，新聞，参考図書，ＡＶ資料，CD-ROM，オンラインデータベース等） 5．情報機能のアクセスポイントと使い方（著者名，タイトル，キーワード，分類記号，件名標目，シソーラス等） 6．情報検索の原理 7．検索ツールの存在と利用法（書誌，索引，目録，OPAC，レファレンスデーターベース等） 8．自館資料の組織法と入手法（分類，請求記号等） 9．レファレンスサービスの利用法 10．情報検索ストラテジーの立て方 11．他機関資料の調査法と利用法 12．ブラウジングの効用	以下の事項を理解し習得する。 1．情報整理法の意義 2．情報内容の抽出と加工（要約，引用，パラフレイズ，抄録，翻訳，解題等） 3．メディア別の情報記録の方法（メモ・ノート法，カードの記録法，クリッピング，データベースのダウンロード，録音・録画等） 4．発想法（ブレーンストーミング，KJ法等） 5．メディア別の情報保管法（AV資料の整理法，コンピュータによる保存管理法等） 6．資料の分類とインデックスの作成法（キーワード，見出し語付与，ファイリング法等） 7．書誌事項・アクセスポイントの記録法 8．分野別・専門別の整理法	以下の事項を理解し習得する。 1．情報表現法の意義 2．情報倫理（著作権，プライバシー，公正利用等） 3．レポート，論文，報告書等の作成法（構成，書式，引用規則等） 4．印刷資料の作成法（パンフレット・リーフレット・ミニコミ誌等の編集，印刷，製本の方法等） 5．AV資料の作成法（ビデオの制作・編集法等） 6．コンピュータによる表現法（グラフィック，作曲，アニメーション製作法等） 7．コンピューターによるコミュニケーションの方法（電子メール，インターネット等） 8．プレゼンテーション技法（話し方，資料の提示 - OHP，板書法，ホワイトボード，AV資料，マルチメディア等の活用） 9．分野別の専門的な表現法

資料２．図書館利用教育の目標と方法一覧（日本図書館協会図書館利用教育委員会編『図書館

Ⅳ．方法

		領域1 印象づけ	領域2 サービス案内
方法	関連なし	1．ポスター，ステッカー，チラシなどの広告媒体による図書館の存在の印象づけ 2．校内の広告媒体（学校新聞，校内放送等）による印象づけ 3．図書館出入口付近のサインの工夫と館外から見える場所での展示 4．地域の広報チャンネル（ミニコミ，マスコミの地方版等）の活用 5．ブックトーク	1．新入生オリエンテーション 2．学年別オリエンテーション 3．パンフレット，リーフレット（「利用のてびき」を含む）の配布 4．サービス案内ビデオの上映 5．AV，CAIによる双方向ディスプレイ等を利用したインフォメーション 6．館内ツアーの実施 7．サイン計画 8．窓口での図書館員の対応 9．投書箱の設置 10．リクエストコーナーの設置
	関連あり	1．授業の中で教師による図書館の意義への言及 2．授業テーマに関連づけたブックトーク	1．教科別オリエンテーション 2．授業・レポートに関して，レファレンスサービスをはじめとした各種図書館サービスが利用できることを生徒に知らせる。またそれらを利用するように教師から指導する
		（これらと並行して「関連なし」の方法も実施される）	
	統合	統合的な情報教育のカリキュラムに従って，図書館と教科が「関連なし」「関連あり」の段階の方法も，そのカリキュラムに	
評価の指標例		1．学年・クラス・個人別利用率 2．学年・クラス・個人別貸出量 3．授業のための科目別図書館利用時間数	1．好感度 2．オリエンテーションの効果 3．投書箱への意見件数 4．リクエスト件数 5．各行事への参加者数

利用教育ハンドブック：大学図書館版』日本図書館協会，2003, p.7-8.）

領域3 情報探索法指導	領域4 情報整理法指導	領域5 情報表現法指導
1．パスファインダーの用意と配布 2．「図書館クイズ」等資料の配置を把握させるためのゲーム等の企画，実施 3．図書館内オリエンテーリングの実施 4．独習用，集団用学習ツール（ビデオ，パソコンソフト）の制作と提供 5．講習会の開催 6．生徒が自由に利用できる検索システムの導入 7．最寄りの図書館，資料館，博物館等の類縁機関，その他書店，古書店等の紹介	1．情報の整理，加工法の独習用，集団用ツール（ビデオ，パソコンソフト）の作成と提供 2．情報整理，加工に関する学習会および講習会の開催 3．生徒が利用できる情報整理・加工コーナー（パンチ，ステープラー，その他情報整理，加工に必要な用具を用意。領域5の3と共用になる部分もある）の設置 4．発想法の独習用，集団用のツール（ビデオ，パソコンソフト）の作成と提供	1．情報表現法の独習用，集団用ツール（ビデオ，パソコンソフト）の作成と提供 2．情報表現法に関する学習会および講習会の開催 3．生徒が利用できる情報生産コーナー（ワープロ，コピー機，印刷機，ビデオ編集装置等を用意）の設置 4．生徒の発表の場（発表会，討論会，展示会，展示コーナー，新聞，壁新聞，電子会議等）の設置
1．教科の内容と関連づけて，情報探索の方法について，授業時間内に説明し，実施させる 2．テーマ別パスファインダーの提供	1．教科の内容と関連づけて，情報整理の方法について，授業時間内に説明し，実習させる	1．教科の内容と関連づけて，情報表現の方法について，授業時間内に説明し，実習させる
相互に協力して，説明し，実習させる。 従って体系的に実施される。		
1．レファレンス件数 2．パスファインダー配布数 3．ツールの利用度，効果 4．催事への参加者数	1．ツールの利用度，効果 2．各催事への参加者数 3．情報整理・加工コーナーの活用度	1．ツールの利用度，効果 2．各催事への参加者数 3．情報生産コーナーの活用度

新しい図書館員像を目指す
ガイドラインが描く専門家の条件

　現在の逆境を跳ね返すために，図書館界は何をするべきか。その答えの一つが，情報リテラシー教育への貢献にあることは間違いありません。そのために図書館員や教育関係者の指針として作成された『図書館利用教育ガイドライン』とはどんなものなのでしょうか？　最低限押さえておきたいポイントを解説しましょう。

図書館利用教育の目標と方法

　利用者が図書館の活用能力を身につけられる体制を確立するためにつくられた『図書館利用教育ガイドライン』(以下，『ガイドライン』)では，ガイドライ

ンの意義を次のようにまとめています。

「図書館の活用能力を身に付けることは，人間の成長と自立の大切な要素であり，それは情報化社会・生涯学習社会と言われているこの時代を生きるすべての人にとって欠くことのできない基礎的能力である。また常に成長しサービスを広げていく図書館は，積極的にその利用方法を人々に知らせることにより，その本来の機能を最大限に発揮することができる。」[8]

　前章でも述べたように，従来図書館では，"図書館の使い方"，とりわけ目録の使い方と利用マナーを教えてきました。

　この『ガイドライン』は大きく二つの点で考え方を拡張しています。

　第一に，図書館利用教育の考え方の枠組みの拡張です。"図書館の使い方"という従来の枠組みから，"情報の使い方"という，より大きな枠組みの中で考えようということです。教える対象は図書館だけではなく，情報ということになります。

　第二に，「活用」という意味の拡張です。従来は，情報を探し出すことが中心でした。しかし，情報を探すという行動は，実際はそれだけで完結することはなく，探して入手した情報を分類・整理・保管し，分析・加工し，最後に何らかの形の表現をアウトプットするという一連の作業になっています。この作業の流れをトータルに支援していこうということなのです。

5領域のポイントを押さえる

　『ガイドライン』は，図書館サービスの全体を再設計する際の指針となるものですから，しっかりとその内容を把握することが必要です。『ガイドライン』が描き出すサービスの全体像は「図書館利用教育の目標と方法一覧」(p.14～17)の中に集約され，五つの領域ごとに，それぞれ「目標」「方法」「評価の指標例」が示されています。

■領域1：印象づけ
　第一の領域である「印象づけ」では，利用者にとって図書館が役立つ場所であり，自分の生活全般で必要になる情報を与えてくれる場所であり，そして気軽で快適な居心地の良い場所である，という印象を与えることが重要だというこ

とを示しています。顧客満足度という基準から見ると,「印象」とはその場その場の単なる気分のようなものではなく,図書館が提供している全サービスとそれを支える全活動についての顧客の総合評価ということになります。したがって,「印象づけ」の目標を達成するためには,五つの領域のさまざまな方法・手段を全体として総合的に企画し,運用することが必要になります。

■ 領域2：サービス案内

「印象づけ」の結果,図書館にはじめて足を運んだ人に最初に与えるべき情報が「サービス案内」です。その図書館はどういう図書館なのか,どんな施設や設備がどこにあるのか,どんなツールがあるのか,利用規則はどうなっているのか,受けられるサービスの種類は何なのか,といった利用上の基本情報の提供です。初来館者がとりあえず図書館を利用できるという最低限の案内をするのがこの領域です。

■ 領域3：情報探索法指導

一通り図書館の使い方に慣れた人は情報探索行動に移ります。この領域は,情報を探索するときに必要な基礎知識を提供しようという領域です。従来は,これが利用教育の中心でした。大学や学校では「文献調査法」「データベース検

資料3．利用者教育レベルとサービスの重点移動 (仁上幸治「＜指導サービス＞の時代がや

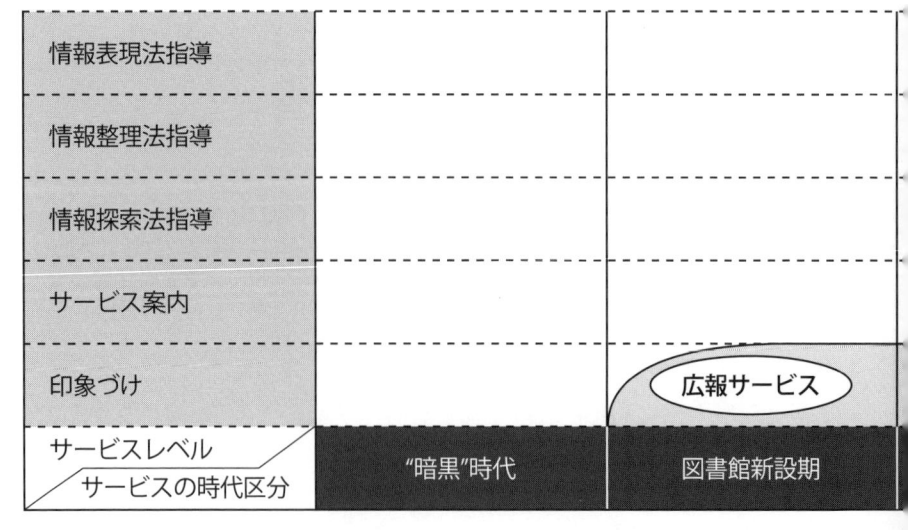

サービスレベル ／ サービスの時代区分	"暗黒"時代	図書館新設期
情報表現法指導		
情報整理法指導		
情報探索法指導		
サービス案内		
印象づけ		広報サービス

索法」等を内容とする学科関連指導です。公共図書館や専門図書館でも，図書館が独自に企画する講演会や講習会も活発に実施されています。レファレンスサービスとしての個人指導や申込制のチュートリアルもあります。

■ 領域4：情報整理法指導

探索によって情報を得たら，次は情報内容の抽出と加工，つまり要約，引用，言い換え，抄録，翻訳，解題などの作業に移ります。媒体は図書だけではないため，さまざまなメディア別に記録をとっておく方法も学びます。ノート法やカード記録法，録音，録画も含まれています。さらに，ファイリングの方法や分類とインデックスの仕方，書誌事項の記載方法，発想法など，情報整理の基本的な知識を提供します。

■ 領域5：情報表現法指導

領域5では，入手，整理，再構成した情報を，どのように発信していくか，そのノウハウを利用者に伝えます。特に大学生にとっては，レポートや論文の構造や作成手順などを理解することで，自力でレポート・論文を書けるようになります。表現法の領域の重要性は，児童，生徒，社会人にとっても同様です。さらに，作成した資料などの発表を求められる場合のプレゼンテーション技法

ってくる！：図書館は利用者の何を支援しているのか」『利用教育委員会通信』37号，1997,8, p.6-7.)

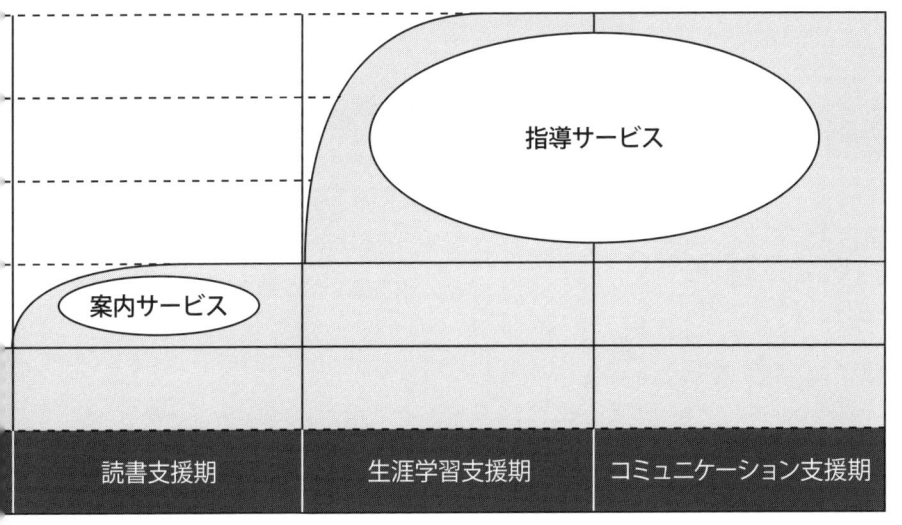

や，インターネットを使って情報発信する方法，ルール，マナー，モラル，要注意点などについても，教育的指導へのニーズがいっそう高まっています。

新しいプロのイメージ

　では『ガイドライン』に描かれている図書館員の仕事から，どのような図書館員像が浮かんでくるでしょうか。イメージしやすいように，今風の横文字職業で表現してみましょう。

❶ プランナー

　プランナーとしての図書館員です。カウンターに座って貸出・返却の処理をしたり，返却された本を書架に戻しに行ったりというステレオタイプのイメージとは少し違います。『ガイドライン』にある方法・手段を企画し立案して会議の場で提案するなど，いつもサービス改善のアイデアを前向きに考えている創意工夫の人の姿が浮かんできます。

❷ コーディネーター

　コーディネーターとしての役割です。たとえば講習会を実施するときは，同僚と打ち合わせをしたり，上司と折衝をしたり，あるいは外部から講師を呼ぶ交渉をしたり，さまざまな手配をしなければなりません。ときには思わぬアクシデントも起きるでしょう。こうした，人と人をつなぎ，プロジェクトを進行させるのがコーディネーターです。

❸ プロデューサー

　たとえば教材をつくるというとき，予算が取れればビデオをつくるとか，テキストをつくるとか，さまざまな外注作業をすることになります。そのときに必要になるのが，予算を管理して内外の人を動かす責任者としてのプロデューサーの役割です。この役割がはっきりしないと組織全体が動きません。大きなプロジェクトになるほど，プロデューサーの力がものをいいます。

❹ インストラクター

　講習会があれば誰かが人前で講師役を務めなくてはなりません。上から目線ではおこがましいなどという過剰な謙虚さは専門知識の出し惜しみだと見られてしまいます。ダンスや華道の先生などのように専門的な知識・技能を教え

てくれる親切でやさしい人，それがインストラクターのイメージです。
　このように，司書の専門能力要件は，バックヤードのテクニカルサービス関連から，レファレンスサービス，オリエンテーション，講習会，ホームページ等の企画制作実施，いわゆる指導サービスへとシフトしています。
　他にも，コーチ，コンサルタント，コンシェルジュ，ファシリテーターなど，実業界でよく使われる用語を図書館に当てはめて考えてみると，仕事のイメージを変えていくヒントが見えてくるでしょう。

部分的・段階的にできることから

　では，実際にこの図書館員像を体現するにはどうしたらよいのでしょうか。また，ガイドラインの目標と方法の全体像をどうしたら実現していけるのでしょうか。
　理想像をあまり堅く考えてしまうと，「私には無理！」という諦めに陥りがちになります。大切なことは，全部を一度に実現しようと思わないことです。挫折しないためには，三つのコツがあります。
　第一に，全部が無理なら部分的に始めてみることです。3000本安打を打ったイチローでも，「1回の打席でヒット2本は絶対打てない」[7]のです。"できることから一つずつやってみること"。一つ二つとできたら，じゃあ三つめ四つめをやってみようというやり方です。どれから始めるかで悩んでしまうなら，自分が好きな分野，得意な部分から，まず一つ始めましょう。動き出してみれば思ったよりも成果が出ることもあるし，助けてくれる人が現れることもあります。
　第二に，一気に実現するのが無理なら段階的に進めましょう。実際の仕事ではすぐには実現できないことのほうが多いことでしょう。だからといって放っておいては何も前進しません。時間軸上に，最終目標の実現までのステップをいくつか設定して，各ステップを着実にクリアしていくことによって最終目標に到達できるのです。作業，日程，担当者を決めて計画表の形にしてデスク前に貼り出しておくことから始めましょう。予定どおりに進行できなかったら落ち込むよりも気軽に計画表を改訂すればよいのです。

# 03

大学の情報リテラシー教育への直接貢献
教育・研究に図書館がどう役立っているか

　図書館員にいまもっとも求められるのが，情報リテラシー教育の支援であること，そして情報リテラシー教育の支援は『ガイドライン』に沿って行われるべきことを，前章までに解説してきました。では，実際の現場ではどのような取り組みをしていけばよいのでしょうか。まずは大学図書館の場合を考えてみましょう。

「待ち」から「攻め」へ

❶図書館オリエンテーション

　大学の教育・研究に必要不可欠な情報リテラシーを学生・教職員が習得でき

るよう支援する取り組みの最初の柱がオリエンテーション（ガイダンス）です。これは『ガイドライン』の「領域１：印象づけ」「領域２：サービス案内」の方法にあたるもので，まずは学部や大学院の新入生や新任教職員に図書館のよい印象を持ってもらい，自分で使えるようになってもらうための重要な機会です。

「印象づけ」は，図書館に来たことがない人に足を運んでもらうためのものですから，図書館が大学生活に必要不可欠で気軽に利用できる便利で快適な場所だという印象を持ってもらうことが肝心です。

「サービス案内」の内容としては，施設・設備・サービスの概要を理解してもらえれば十分です。手続きやルール・マナーなどは実際に利用する中で徐々に理解していけばよい内容ですから，初対面で口うるさいという悪印象を与えるのは得策ではありません。中級上級レベルの詳細は次の第３領域以降に譲るという割り切りが必要です。最初からあれもこれもと詰め込みすぎないよう気をつけましょう。

❷ データベース講習会

第二の柱がデータベース講習会です。これは「領域３：情報探索法指導」の方法に示されており，図書館が独自に実施するイベントの中心となるものです。従来のようなOPACだけにとどまらず，インターネット情報源を含めた情報探索ツールを総合的に紹介することが必要です。図書館と図書館員は教育や研究に直接貢献していることを講習会によって学内に強く訴求することができます。

❸ 授業支援

第三の柱は授業支援です。これは領域３の中のより専門的なサービスで，カリキュラムと連動し，教員の授業活動をサポートする役割を担っています。たとえば授業で必要な資料を教員・科目別に取り置きして受講生の確実な利用を保証する「リザーブ図書制度」は授業支援の基本サービスです。授業に出向いてデータベース利用法についてのゲスト講師を引き受ければ，教員が不得手な検索のコツや最新のデータベース情報など図書館員ならではの専門的な知識をアピールする絶好の機会にすることができます。

❹ 教材提供

第四の柱は教材提供です。これも領域３の延長にある支援ですが，さらに踏

み込んで，教員がその教材を使って効果的・効率的な授業ができるように，テキスト，サブテキスト，ビデオ教材，ウェブ教材などを図書館側で用意し，提供するものです。図書館の専門知識だけでなく，各学問分野についての主題知識も必要になるため，より高度な知識技能を要求される取り組みといえます。

理念，目標，方法の全体像を知る

　情報リテラシー教育で重要なことは，その利用者がすでに習得している知識技能はどこまでなのか，今その利用者はどの領域の情報を必要としているのか，習得にどのくらいの持ち時間を割けるのか，などの条件を把握することです。目の前にいる利用者が持っているニーズを理解するために，『ガイドライン』が役立ちます。

　利用者の特性は時代とともに変化していきます。新入生オリエンテーションに長い時間を費やして概要も詳細も一度に全部説明しようとしたり，分厚いマニュアルを配って各自で熟読するよう課したり，という旧来のやり方の前例主義に囚われていると，イマドキの短気で移り気な学生にソッポを向かれてしまいます。

　要するに，必要な時に必要な情報を，最適な量と形態で提供することができるように，五つの領域として整理されている目標と方法を，場面に合わせて上手に組み合わせればよいのです。

　『ガイドライン』の領域1をスタートラインとして，在学中に領域2，3，4，5へと段階的に学生たちを導いていくこと，各領域の中でも，初歩的なレベルから高度なレベルへと反復させながら引き上げていくこと，その取り組みを通じて大学の教育・研究に直接間接に確実に貢献していくことが，図書館員の新しい使命として注目されているのです。

くらしの中の
情報リテラシー教育
学校図書館・公共図書館の生き残り策

　情報リテラシー教育は，大学教育の中だけで完結するものでありません。学校教育や社会教育，家庭教育，職場教育など，人は一生のさまざまな場で情報の扱い方を学んでいきます。情報リテラシー教育における図書館の役割を考えるには，社会全体を大きな教育システムとして見る視点を持つことが大切です。

生涯学習の大枠の中で考える

　人生のステージごとに，人が情報リテラシーを習得していく様子を想像してみましょう。
　乳幼児期に絵本や紙芝居の読み聞かせをしてもらって育った子供は本や図

書館を好きになり，幼稚園・保育園・学校でもさまざまなメディアに親しむようになるでしょう。学校ではカリキュラムの中で，読書，図書館利用，情報活用に関する体系的な教育が行われます。児童・生徒は教科の「調べ学習」や「総合的な学習」の中で，資料や情報を活用する方法と手順を身につけていきます。情報活用の基礎を習得した児童・生徒が大学生になり，図書館のオリエンテーションやデータベース講習会を受けて，レポートや論文の作成に取り組みます。

　教職を目指す大学生は卒業後に学校の教員になり，児童・生徒に情報リテラシー教育を行う側に回ります。大学院に進学し研究者を目指す人は大学図書館やデータベースをフル活用して研究し，後輩たちに文献調査法を伝授する立場になります。大学教員になれば学部生・大学院生にレポート・論文作成法の指導を行います。

　就職したり起業したりして社会人になれば，仕事上の調査をし企画書・報告書などを作成して提案します。退職後は地域史研究や自分史の執筆をするかもしれません。親になれば，子供の成長に合わせて自分の情報リテラシーを教えていくでしょう。

　要するに，人は，人生の各ステージにおいて，その時々に学ぶ側・教える側の立場を切り替えながら，読む・調べる・書く・伝えるという行為を繰り返しているのです。こうした個人の活動の社会全体での総和が，情報に関する知識・技能・姿勢を世代間で受け継ぐための情報リテラシー教育の仕組みになっていると考えることができます。

　図書館の教育的な役割は，こうした個人史的なミクロの視点と社会システム全体のマクロの視点の両方から考えていく必要があるのです。

学校図書館の存在感アピール

　生涯学習の視点から情報リテラシー教育を考えるには，川の流れに例えるとわかりやすいでしょう。学生時代を現在地とすれば，就職後，退職後の時期は「下流」であり，高校時代以前の子供の時期が「上流」にあたります。高校から見れば，中学以前が「上流」です。どの教育現場でも，現在地よりも「上流」のほうでもっと情報リテラシー教育の成果を上げていてくれたら，もっと楽に次のステップ

に進めるのに……というのが共通の実感でしょう。それだけ学校教育は重要であり，学校図書館への期待も大きいのです。

　学校図書館はもともと学校図書館法(1953年制定，2014年改訂)によって学校教育の中に位置づけられています。しかし，実態としては，司書教諭・学校司書の配置や予算の不十分さと，自治体・学校管理者や教職員の図書館認識の低さが大きな壁になっています。図書館の現場は総じて，厳しい制約条件のもとでどこまでぎりぎりの工夫を実現できるかが問われているのです。

　人員と予算の不足を言い訳にして，図書館員が図書館の中に閉じこもって反復定型業務を大過なくこなしていれば済むという時代ではないのです。図書館と図書館員の専門的な役割や能力について学校内外へ積極的にPRしていく取り組みを始めないと，学校管理者や教職員の図書館認識は変わらず，結局は人員配置と予算増額も勝ち取れません。

　この泥沼の悪循環を断ち切るには，現在の人員で，予算のかからない取り組みから始めてみるしかないのです。その成果が少しずつ評価されるようになれば，学校教育の質の向上には図書館には専任・専門・正規の職員の配置と予算の増額が必要だという学内外の世論の高まりが期待できます。これが学校図書館にとって広報＝PRの現在の最大の課題なのです。

すぐに効果が出る取り組みから

　組織がすぐには動いてくれないなら，図書館員自身の前向きな仕事ぶりを周囲の人たちの目に見える形でアピールすることから始めればよいのです。本来の意味のPR(パブリック・リレーションズ，本書5章参照)を意識しながら，具体的な方法手段の展開の仕方を考えてみましょう。

　第一に，何より蔵書自体が最大のアピールポイントなのですから，選書基準の柔軟化を目に見えるようにアピールする必要があります。教員目線の授業直結の「堅い」本とは別に，生徒目線で面白い本，話題の本，役立つ本などを図書館活用への導入部として戦略的に揃えていきます。

　第二に，投書箱を一番手軽で効果的なコミュニケーション手段として活用します。壁に掲示スペースを用意するだけなので何より予算がかかりません。生

徒の間で話題になれば，投書が投書を呼び，来館者の人気コーナーになります。

　第三に，リクエスト回答用紙の申込者欄はペンネーム可として掲示板に公開で回答するようにすればリクエストの存在をアピールし，プライバシー保護の配慮が万全であることを示すことができます。

　第四に，広報紙のデザインを根本的に変える必要があります。写真や図表を主体にした紙面づくりによって，いかにも伝統的な図書館報のイメージを打破し，とにかく手に取って読んでもらえるようなビジュアルデザインに変えます。図書館側からの一方的な「お知らせ」ではなく，生徒・教職員の声を紙面に大胆に反映させ，執筆編集に参加してもらうなど，新聞づくりのノウハウをフル活用すればよいのです。

　第五に，図書館の刊行物に書誌データをきちんと記載しましょう。学校図書館の広報紙を見ると，図書紹介記事の中で著者名と書名しか書いていない例が多く目につきます。大学図書館関係者なら，イマドキの大学生の多くがレポートの出典に図書の書誌データをきちんと書けないことに常々困っていますから，少なくとも小学校高学年以上の生徒には書誌事項という概念を教えておいてほしいと願っているはずです。資料のプロとして，ライブラリーナビなどの印刷配付物や掲示物にもきちんと奥付を記載する習慣が必要です。

　以上のような取り組みを始めるだけで，地味で人が苦手という図書館員の，ステレオタイプのマイナスイメージを，前向き，利用者本位，コミュニケーション好き，資料づくりのプロという好印象に変えることができ，ひいては図書館運営のプロの存在感を学校関係者にアピールすることができるのです。

「楽しむ」「集まる」ための地域拠点としての公共図書館の生き残り

　20年前頃まで，公共図書館界では貸出中心主義が主流でした。「図書館をもっと身近に暮らしの中へ」という日本図書館協会の標語のとおり，来館者数・貸出数を伸ばすことによって図書館という機関の有用性についての社会的認知を得るという取り組みが多くの成果を挙げたことは間違いありません。しかし同時に，貸出中心主義だけでは，図書館運営の外部委託化と図書館員の非正

規化という専門性崩壊の流れを押し返すことはできません。職種としての図書館員が生き残るためには，従来の伝統的なイメージを打破し，専門職としての存在感を強く訴求する必要があります。その鍵になるのが情報リテラシー教育なのです。

『ガイドライン』の「領域1：印象づけ」では，従来の地味で目立たない「お知らせ」ばかりの広報活動を，もっと目立って話題になるような本格的なPRに切り替えることが必要です。そのためには，図書館と役所と常連利用者の内側で完結するのではなく，地元の農林水産業，商工業，サービス業，文化団体，スポーツ団体などとの大胆な連携によって非来館層を広く掘り起こす取り組みが求められています。

施設面では，カフェやビデオレンタル業者，書店などの併設，文書館・公民館・児童館との共同運営など，従来の枠組みを超えた異業種横断型の発想が求められているのです。賛否両論があるにしても，公共図書館が生き残るためには，旧来の「無料貸本屋」「無料自習室」という伝統的な図書館イメージからの大転換が必要であることは間違いありません。

現職図書館員自身の個の能力アップから

図書館PRの改善について具体的な取り組みのイメージがつかめたとしても，図書館員に積極的な実践を躊躇させるのは，自信のなさです。なぜそんなに自信がないのでしょうか？

大学図書館，学校図書館，公共図書館，専門図書館の現職者研修から見えてくる教訓をご紹介しておきましょう。

図書館員研修は知識・技能を高め意欲を高めるために行われますから，研修後のアンケートには，主催者と講師の期待どおり，反省と決意表明が書かれます。そして研修後は意欲満々で職場に戻り実践を開始したはずですが，そう簡単に成果が出ないのが常です。その理由として，「現実とのギャップが大きすぎ」「環境が整っていない」「忙しい中で余力がない」「自分の力量に自信なし」という定番の言い訳が登場するからです。

それぞれの館の現実的な制約条件を言い訳にしているかぎり，現場からの打

開は難しいままに終わるしかありません。研修主催者側も，例年の行事を一つ片づける感覚なので，受講者の現場での成果還元状況をチェックするフォローアッププログラムを実施するところまでは手が回りません。結果として，成果確認が行われない「やりっぱなし」研修が多くなります。このような研修と実践の断絶構造は今も基本的に変わっていません。

　自信を持つにはどうすればよいのでしょうか。

　第一に，基本的な文献を読みましょう。過去の研修会の中で，受講者に確認したところ，映像教材「新図書館の達人」「情報の達人」シリーズを観た人，『図書館利用教育ガイドライン（合冊版）』（2001），『図書館利用教育ハンドブック（大学版）』（2003），『図書館広報実践ハンドブック』（2002）を読んだことがある人が1割以下しかいないという実態には愕然とします。理念，目標，方法の基本はすでに誰でも入手できる文献に書いてあるにもかかわらず，知らない，探さない，読まないとすれば，プロとして不勉強というマイナス評価を受けてもしかたがありません。

　第二に，メディアリテラシー教育を正しく理解しましょう。「批判的読解」の本来の意味が「適切な規準や根拠に基づく，論理的で偏りのない思考」[45]であることを理解したうえで，「批判的読解」の否定的姿勢だけを強調しすぎないよう，どうしたらメディアの便利さと面白さを楽しく学んでもらえるのか，という観点を忘れないことが図書館員にとって重要です。

　第三に，プレゼンテーション能力を高めましょう。本が好きという図書館員の特徴は，裏返せば，「人が苦手」というサービス業には致命的なマイナス評価につながります。人前で，きちんと説明・説得・指導ができる人材であることを自らアピールするには，オリエンテーション，会議，研修など，あらゆる機会をとらえて，司書職の発表力を訴求していく必要があります。自信を持てるようになるには，ワークショップ型研修の機会に意欲的に参加し，それを日常生活の中で意識的に応用する姿勢が必要不可欠です。

　第四に，ネックを超えようという積極的な取り組み姿勢を持ちましょう。「その前にしなければならないことがある」「条件が整ってから始める」などという判断は，今すぐできることさえも先送りしがちな消極性の言い訳のように受け取れられてしまいます。

第五に，司書職という専門職の存在感を親組織内外で示そうという意欲を持ちましょう。名刺を持ち歩かない図書館員は，同業者全体がビジネスの常識を欠いた人たちだというマイナスイメージをまき散らしていることに気づいていないのです。研修後の質疑応答で黙っていると，積極性がないという社会的なマイナスイメージを強化してしまうのです。図書館という狭い枠の中にこもっていないで，親組織内や地域社会に積極的に溶け込み，関連業者のネットワークの中で広く活動し，全国的な学会や研究会で発表するなど，図書館員の専門性の研鑽と対外的訴求を心がける必要があります。

[実践事例]
科学技術と産業に特化した
全国でも例のない公共図書館
神奈川県立川崎図書館

　京浜工業地帯の中心でもある川崎市に位置し，公共図書館では他に例のない科学技術・産業の専門図書館。館内は「ビジネス支援室」「科学技術室」「社史室」に3区分され，特色ある資料を

神奈川県立川崎図書館
住所　川崎市川崎区富士見2-1-4
URL　http://www.klnet.pref.kanagawa.jp/kawasaki/

求めて県内外から多くの利用者が訪れます。ビジネス支援や科学技術系のイベント（p.36参照）を多数開催するなど，情報探索支援にも力を入れています。

起業, 中小・ベンチャー企業のものづくりを支援する
実践に即した「ビジネス支援」

　1958年の開館時から，産業・技術系の資料の収集と提供に重点を置いてきた川崎図書館。当初から「工業図書館」を志向していたものの，周囲の状況から一般的な公共図書館機能も果たしてきましたが，県内の市町村立図書館の整備の進展を踏まえ，1998年には自然科学と産業に力を入れた「科学と産業の情報ライブラリー」にリニューアル。2005年には，起業をテコにした地域産業の活力向上が求められる時流に鑑み，「ビジネス支援室」を開設するなど，新たなサ

豊富な図書資料のほか、「JP-NET（商用特許情報）」「日経テレコン21」の二つのデータベースが利用可能。地域の産業・工業関連団体からの推薦図書を展示、貸し出しするコーナーもあります。

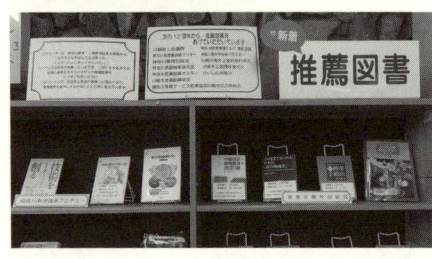

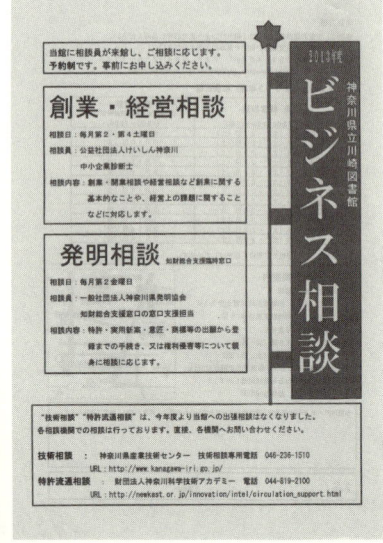

専門家による「創業・経営相談」「発明相談」が、定期的に行われています。

ービスを展開しています。

　ビジネス支援の特徴は、非常に実践的なものであることです。資料に関しては、ビジネス関係図書はもちろん、JISをはじめとする国内外の規格や、特許のデータベースを提供し、業界新聞やビジネス関連ビデオなども長年にわたって収集してきました。さらには産業関連団体とのネットワークを生かした専門家による相談会など、実務に即した支援が行われています。

調査研究とスキルアップを支援する科学技術・産業分野の情報拠点「科学技術室」

　1998年のリニューアルオープン時に開設した「科学技術室」は、科学技術・産業分野の専門的な情報拠点として、社会のニーズに対応した課題解決型のサービスの充実を目指して活動を

独自の分類で利便性を向上させているクラスタ配置。

展開しています。

　図書は約3万8000冊，専門雑誌約1500誌を公開し，図書資料については，利用者の利便性を第一に考えて独自のクラスタ配置(十進分類法にとらわれず，テーマに沿って配架する考え方)を採用し，「環境」「コンピュータ・情報」「化学・化学工業」などの項目を立てています。また，タイムリーな情報を提供する展示も充実し，「サイエンス・ナウ・コーナー」や「ポピュラーサイエンスコーナー」「科学者の伝記コーナー」などは，科学技術系の資料の魅力を知るきっかけとなっています。また，日本最大級の科学技術文献データベース「JDreamIII」などのオンラインデータベースを提供するほか，館外に約1700誌の科学技術系外国語雑誌を収蔵する「デポジット・ライブラリー」を設置しています。

「ポピュラーサイエンスコーナー」(手前)と，「サイエンス・ナウ・コーナー」(奥)。テーマに合わせて，わかりやすく展示しています。

科学技術系の専門雑誌を集めたコーナーは，専門図書館ならではの充実したラインナップ。

産業史・技術史の調査研究や社史づくりを支援する全国有数のコレクション「社史室」

　社史はほとんどが非売品で市場に流通せず制作部数も限られるため，収集が難しい資料ですが，川崎図書館では，貴重な情報源の一つとして，開館当初

業種別に資料が並ぶ社史室。すべての資料を一般公開し，貸出も行っています。

04…くらしの中の情報リテラシー教育　　35

から収集を続けています。その数は，現在1万7000冊を超え，全国有数のコレクションとして高い評価を得ています。産業史，技術史の調査研究や社史づくりのための資料となっており，企業単位でも多く利用されています。

社史情報に特化した情報紙『社楽』(月1〜2回発行)。社史コレクションをさらに有効活用してもらう目的で発行しています。

展示・講演会・相談会など イベントも多数開催

　年間を通じて，展示や講演会，相談会などのイベントを積極的に行っています(以下，2013年度に開催されたイベント)。

◎ミニ展示・関連トーク
所蔵資料の紹介や利用促進を目的として，3カ月ごとにテーマを替えて，2階の展示コーナーで展示するとともに関連トークを開催(計8回開催)。

◎ポピュラーサイエンスコーナー
科学分野のさまざまなテーマについて，わかりやすく解説した図書や雑誌などを展示・紹介(計8回展示)。

◎サイエンス・ナウ・コーナー
注目を集めている科学や技術の話題を取り上げ，解説パネルとともに所蔵図書，雑誌を展示・紹介(計45テーマを展示)。

◎サイエンスカフェ
科学者など専門家と県民がお茶を飲みながら気軽に語り合う，新しい情報提供の場として開催(計4回開催)。

◎社史ができるまで
社史製作者に社史ができるまでの苦労などを会社の歴史を交えて話してもらう(計4回開催)。

◎知的財産講座
知的財産についての講座を川崎市と共催の「知的財産スクールinかわさき」，関東経済産業局主催の「戦略的知財マネジメント」，当館が主催の「図書館で学ぶ知的財産講座」等を開催(計12回開催)。

◎ビジネス支援トーク
ビジネス支援サービスの一環として，多様で有用な情報をビジネスパーソンに提供するトークイベント(計2回開催)。

◎やさしい科学コーナー関連講座
「科学技術週間」(4月)，夏休みの「かながわサイエンスサマー」期間等に，小・中学生向けの科学実験教室や科学映画会を開催(計9回開催)。

◎資料の調べ方講座・図書館探検ツアー
当館職員が，利用者・県民を対象に，所蔵資料の内容や文献・情報の調べ方のノウハウ等解説，図書館の紹介や普段見られない書庫なども見学(計7回開催)。

◎映画会とトークの集い
映画会と関連トークなどを開催。「所蔵DVD」の中から抜粋し，上映会を開催(計12回開催)。

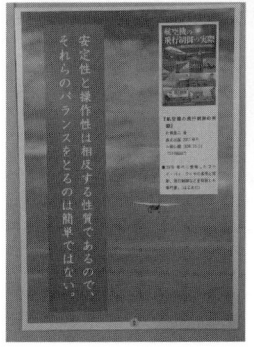

2階の展示コーナー。写真は，「図書館空港〜空を飛ぶ技術」をテーマに，全日本空輸株式会社（ANA）や日本航空株式会社（JAL）などから借用した資料とともに，航空技術の本100冊をパネルで紹介した展示（2013年12月）。

[実践事例]
図書館利用と読書を促す
工夫あふれる取り組みが満載

十文字中学・高等学校
（東京都）

　1922年に創立された十文字中学・高等学校。一貫したキャリア教育により自立した女性を育てる教育方針で，きめ細かな独自のカリキュラムを展開しています。

十文字中学・高等学校
住所　東京都豊島区北大塚1-10-33
URL　http://js.jumonji-u.ac.jp/

04…くらしの中の情報リテラシー教育

自発的な活動を助けるさまざまな取り組み

　図書館は中学・高校共通の施設で，司書教諭1名，司書2名が常駐。6万2000冊を超える蔵書（毎年約3000冊を受入）をはじめ，新聞，雑誌，ビデオ，LD，CD，DVDなど，生徒の学習活動に必要なあらゆるメディアを所蔵しています。それらの資料をコンピュータで管理することで，資料へのアクセスを容易にし，生徒たちの自発的な利用を促しています。中学・高校を通して，教育の特色として掲げられているのが「レポートを書ける生徒を育てる」こと。自ら調べ，その内容を他人にわかりやすく伝え，最終的に自分の意見を表明するレポートを作成するためには，図書館は欠かすことのできない存在です。

　授業との連携も多く，調べ学習や視聴覚教材の視聴などで利用されるほか，たとえば国語の授業で『源氏物語』が取り上げられているときは，図書館でも『源氏物語』コーナーを設けるなど，教員や生徒からの情報を，配架や展示にも反映させています。

　より気軽に楽しく利用してもらうための取り組みも多数行われており，生徒達にとっては親しみやすい図書館として認識されています。

国立女性教育会館（NWEC）とコラボレートしての選書ツアーも実施。図書委員の有志9人がNWECの蔵書の中から30冊をピックアップし，NWEC推薦の図書50冊とともに展示しています。

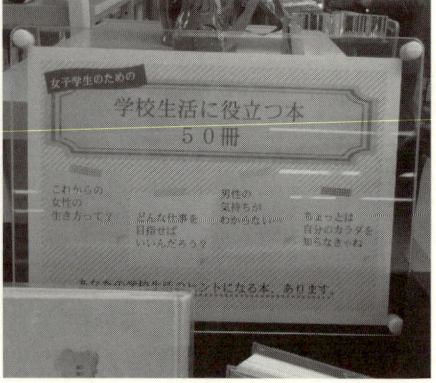

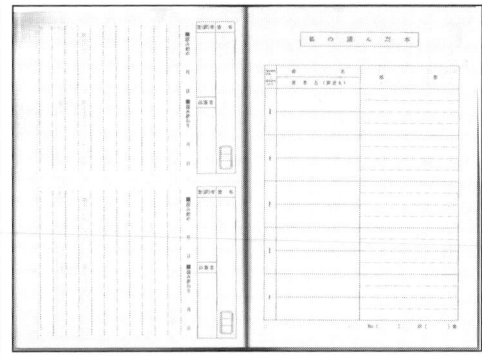

読んだ本の書名,著者名,一言感想を記入する「読書ノート」。記録することで,さらに読書欲が刺激される効果も。

「読書マラソン」の賞品として最初にもらえるのが,和紙の手作りブックカバー。かわいらしい柄が生徒たちに大人気。

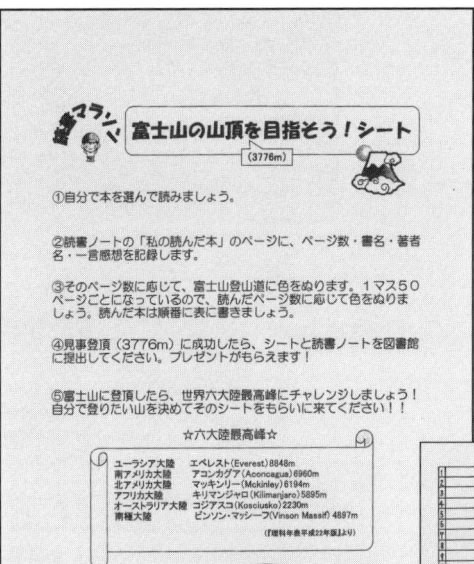

読む量を増やす取り組み「読書マラソン」。読んだ本のページ数に応じて,マス目に色を塗っていくシート。登頂した高さによって,さまざまな賞品をもらえるシステム。

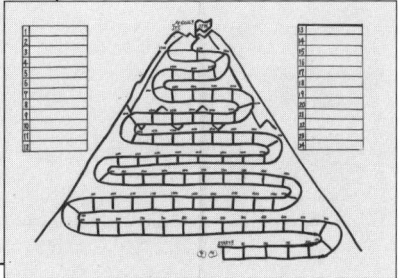

04…くらしの中の情報リテラシー教育

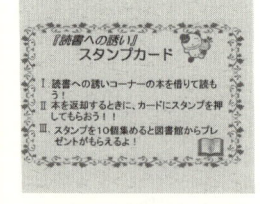

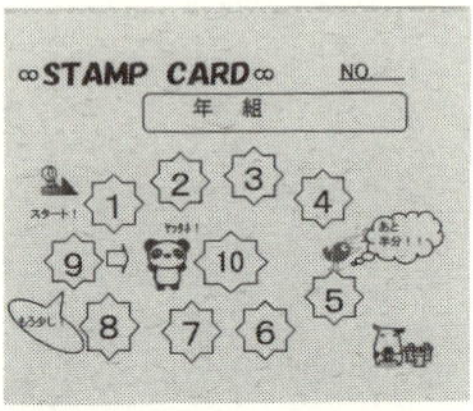

読書の質を高める取り組み「読書への誘い」。このコーナーで展示された本を読むと、カードにスタンプが押され、10個集めると賞品をもらえます。

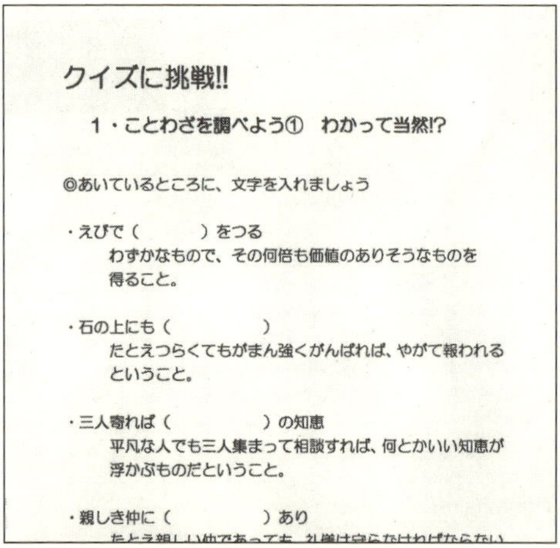

館内6カ所に設置されたテーブルをまわり、クイズに答えると賞品がもらえる「クイズスタンプラリー」。クイズは、館内の本で調べれば必ず解けるように問題設定されています。

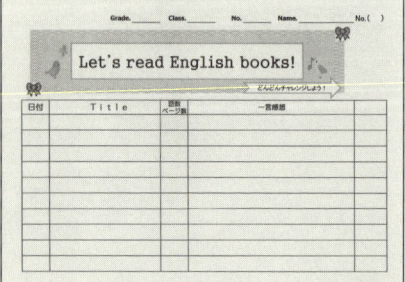

洋書も充実しているのが特徴。洋書の多読を促すために、洋書を20冊読んで記録すると、オリジナルのクリアファイルをプレゼント。

双方向コミュニケーション

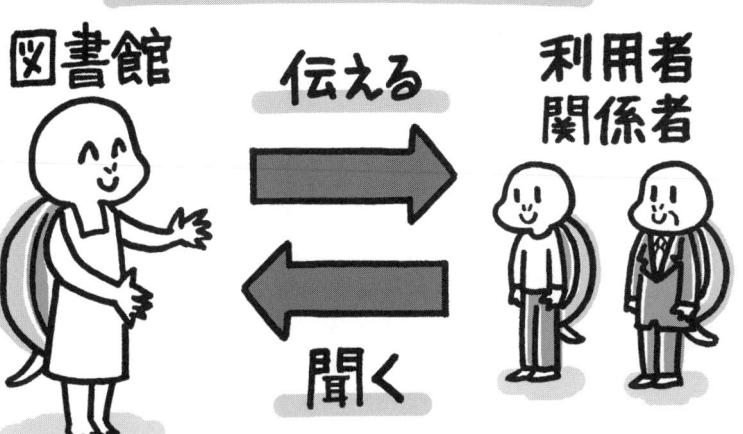

図書館　伝える　利用者 関係者　聞く

05

「広報＝お知らせ」という誤解から抜け出す
PRの正しい理解が出発点

　図書館のPRとは，具体的にはどのような業務を指すのでしょうか。まずは「PR」という言葉の意味をきちんと理解することから始めましょう。

「広報＝お知らせ」という誤解

　図書館の広報を考えるには，まず図書館界に根強くある誤解を解く必要があります。みなさんは，「広報」という用語を日頃どのように使っているでしょうか。「来月の講習会の広報，どうする？」という言い方がよくあります。文字どおり「広く報じること」という意味ですから，要するに「お知らせ」です。この意味の広報は，館報，利用案内，掲示，電子メール，ホームページなどを使って

配付・送信・公開することを指します。経営学の用語としては,「告知」「宣伝」というべき概念です。

　他方,「お知らせ」とは逆向きの,意見聴取手段として「広聴」という仕事があります。では,この広報と広聴を合わせたコミュニケーション活動の全体を指す上位概念を何と呼べばいいでしょうか。呼ぶ言葉に窮します。理論的には,「狭義の広報」と「広義の広報」という使い分けで対応するという考え方も一応成り立ちます。しかし,現場の仕事の中で「狭義の広報」と「広義の広報」をいちいち区別して話し合いをするなんて無理な話です。結局,図書館界では,「広義の広報」に相当する関係者とのコミュニケーション活動の全体を呼ぶ言葉がないままなのです。言葉がないということは,その概念が正しく理解されておらず,実務の中で活用されていないことを証明しています。

「PR」の正しい理解

　似た言葉の「PR」も要注意です。実は上記の「広義の広報」は,「PR（パブリック・リレーションズ：Public Relations）」という経営学の概念に相当するのです。しかし,このPRという用語もまた誤解されていることが次のように指摘されています。「PRという言葉自体は,日本でも普及している。新しいサービスのPRが足りない,など日常的に図書館でも使われているはずだ」[5]。

　つまり,ある組織からその関係者や利用者への一方的なお知らせ・告知・宣伝の側面だけに偏りすぎていたということです。これに対して,正しい理解は,「PR本来の目的は,ある組織（図書館）が,公衆・利害関係者との良好な関係を築くことによって,その経営目標の実現を容易にすること,つまり経営環境の整備にある」[5]ということなのです。

　図書館界も世間一般の誤解を踏襲しているだけなのかもしれません。しかし,この誤解を放置しておくと,いつまで経っても,図書館の「広報」は肝心要のポイントをはずしたままになってしまいます。ですから経営学的に正しい定義を理解することが今どうしても必要なのです。

余力がなくても省けない本来業務

　図書館はこの20年間，予算・人員の削減ターゲットにされ，図書館員の専門性崩壊の危機に瀕しているというのに，組織的なコミュニケーションを避けようとする消極姿勢から抜け切れませんでした。「事業仕分け」の時代になって組織の統廃合を迫られてから，今さらそれを食い止めるためにアピールしなければでは，手遅れだったのです。

　単に利用を増やす，利用者を増やすという目的では不足なのです。行政側の政治的判断に影響力を持つために，利用者・支援者・後援者の結束を強化する組織的な取り組みこそが必要だったのです。この意味の広報とは，「お知らせ」ではなく，本来の意味のPR，すなわち「パブリック・リレーションズ」という意味で使わなければなりません。広義の広報＝PR＝パブリック・リレーションズは，一方的な宣伝や世論操作（プロパガンダ）ではなく，コミュニティ構成員の間に理解と共感を広め，参加と協力を促すために，双方向性を重視して行われる世論形成手段ということになります。

　平たくいえば，広報活動は，時間の余裕があるときに取り組めばいいというような非本来的なオプション業務などではなく，図書館と図書館員の味方づくりのために，常日頃から，より意識的に，より積極的に，あらゆる機会に，あらゆる方法手段を総動員して行われるべき最重要業務の一つなのです。

　誤解は解けたでしょうか。この正しい理解が本書全体を貫くタテ糸になっています。以下，その理解を反復しながら読み進めてください。

06 味方を増やす

発想力で勝負するPR実践事例
前例にとらわれずに未開拓分野に挑む

　「広報＝お知らせ」から「広報＝PR＝パブリック・リレーションズ」へと認識を改めれば，利害関係者との良好な関係を構築し維持し発展させるためのさまざまな活動は，そのまま広報活動という位置づけになります。その活動の中で利害関係者の五感に届くように企画制作される媒体そのものを直接間接の広報手段として捉え直すことができるのです。

　重要なことは，従来のように各広報手段を単発で企画制作するのではなく，話題の増幅や印象の強化・定着を目指してメディアミックスによる相乗効果を仕掛けることです。

　本章では，「広義の広報＝本来のPR」という理解を前提として，関連する実践事例を紹介します。

[実践事例]
地元農業と利用者をつないだ
「としょかん朝市」
小山市立中央図書館
(栃木県)

　地元農業の活性化を促す「農業支援サービス」を展開する，栃木県小山市の「小山市立中央図書館」。この図書館では，まさに利用者との双方向性を重視したPRが行われています。

栃木県小山市立中央図書館
住所　栃木県小山市城東1-19-40
URL　http://library.city.oyama.tochigi.jp/

一躍脚光を浴びた，全国で唯一の「農業支援サービス」

　小山市立中央図書館では，図書館の情報機能を活用し，地元農業の活性化や地域の振興・発展に貢献するために「農業支援サービス事業」を展開しています。2007年に文部科学省が実施した「図書館サービス充実支援事業」(＊1)への採択をきっかけに始まったこの事業は，全国初の試みとして各方面から注目を集めました。

　小山市では，この事業に参画する2年前に，市職員の自主研究グループによる政策提言「ビジネス支援体制の構築について」が市の施策として認められ，2005年度からは「おやまビジネス支援連絡会」(＊2)と連携してビジネスバックアップ事業を開始しました。図書館では，起業に関する本を集めたコーナーを館内に設置したり，ビジネスセミナーを開催したりし，その結果，2年間で4人の起業家を育成することに成功していました。そこで，さらに市民のニーズに応えられる活動はないかということで始めたのがこの「農業支援サービス事業」だったのです。

　「農業支援サービス」で図書館が提供する情報は，①生産者向け，②消費者向け，③農業ビジネス，④おやまブランド(特産品)の周知，に大別されます。

　生産者向けとしては，農家を対象とした図書館案内パンフレットを配付し，関連図書の利用をアピール。館内に「農業なんでも相談室」(現在は「家庭菜園の

コツ！相談事業」に名称変更)を設置し，定期的に農業技術に関する相談会や，情報収集のためのインターネット講習会を開催しています。

　消費者向けとしては，関心の高い食の安全についての資料展示や市民講座を開催するほか，小山市の農産物や特産物を一元的に把握できるホームページ「おやま地産地消ライブラリー」を作成し，小山の農産物を使ったレシピや，小山ブランド品の紹介をしています。

　また，就農希望者や販路拡大などに取り組もうとする農業者向けには，資料提供はもちろんのこと，ビジネス講座も実施し，より実践的なサポート態勢を整えています。

＊1　文部科学省が2007年に地域の図書館サービスを充実させるために全国から企画を公募し，小山市が全国6自治体の一つに選ばれたもの。
＊2　小山市におけるビジネス情報の共有化を図り，豊かな地域社会の形成に寄与するために，2005年に設置された組織。連絡会の委員は，産業界・高等教育機関・行政機関など，ビジネスを支援する関係機関等の中から小山市教育委員会が委嘱または任命している。

交流とPRの場にもなった「としょかん朝市」

　「農業支援サービス事業」の周知を図るとともに，利用者に地元農業への理解を深めてもらうことを狙いとして2008年3月に第1回「としょかん朝市」が開催されました。図書館前のスペースを利用したこのイベントでは，JAおやまが中心となって地元農産物を販売。図書館が単なる情報提供だけでなく，交流の場としても大きな役割を果たし，新たな利用者の拡充にも貢献しました。

2010年まで年1回開催された「としょかん朝市」の様子。小山ブランド米やナシ，レタスなど，地元農産物の販売やハトムギ茶の試飲を行っていました。300人を超える来場者がありました。

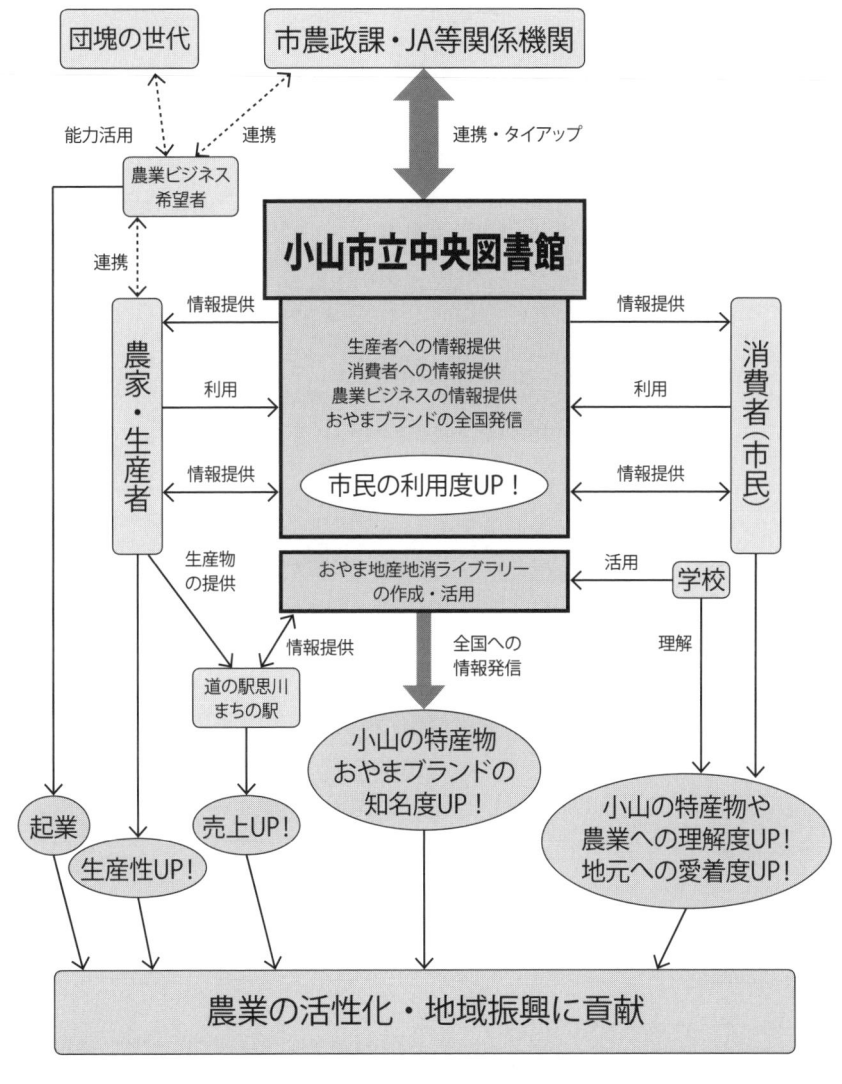

小山市立中央図書館農業支援サービス事業

```
                        市農政課・JA等関係機関
  団塊の世代                    ↕
    ↕                     連携・タイアップ
 能力活用  連携
       農業ビジネス
        希望者
                    ┌─────────────────────┐
    連携            │   小山市立中央図書館   │
              情報提供│                     │情報提供
  農家・生産者 ←──→│ 生産者への情報提供      │←──→ 消費者(市民)
              利用  │ 消費者への情報提供      │ 利用
              情報提供│ 農業ビジネスの情報提供  │情報提供
                    │ おやまブランドの全国発信 │
                    │                     │
                    │   市民の利用度UP！    │
                    └─────────────────────┘
  生産物          おやま地産地消ライブラリー  ← 活用 ─ 学校
  の提供          の作成・活用
                       ↓ 全国への
          情報提供      情報発信        理解
   道の駅思川
   まちの駅
```

- 起業
- 生産性UP！
- 売上UP！
- 小山の特産物 おやまブランドの知名度UP！
- 小山の特産物や農業への理解度UP！地元への愛着度UP！

農業の活性化・地域振興に貢献

『小山市立中央図書館農業支援サービス事業報告書』(2008) p.4の図を参考に作成。

家庭菜園や園芸に関する疑問に答える「家庭菜園のコツ！相談室」では、JAおやまや下都賀農業振興事務所の職員（写真奥）が無料で対応しています。

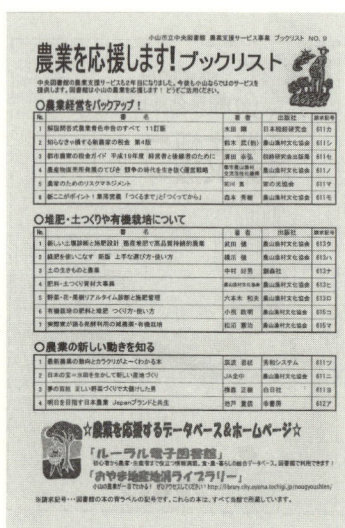

「始めてみよう農業」「農作物の育て方」「食の安全について考える」「農業ビジネス」など，テーマ別に農業などに役立つ本を集めたコーナー。

関連するテーマ別ブックリストも充実。図書のほかに，商用データベース「ルーラル電子図書館」も導入しています。

「自分サイズのプチ起業セミナー」として，ビジネスや就農に役立つ講座を開催。

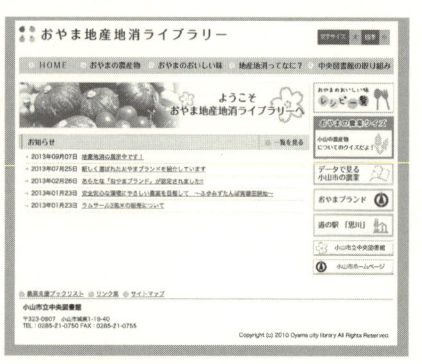

小山の農産物や特産物が一目でわかるホームページ「おやま地産地消ライブラリー」[56]。

48

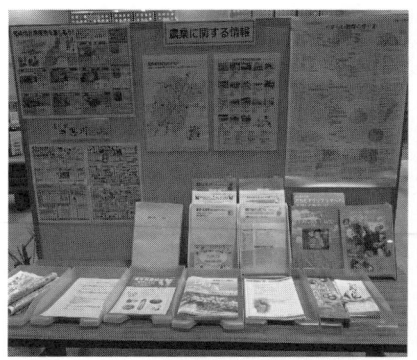

おやまブランドの特産品が一目でわかるコーナー。関連記事を掲示し，パンフレットなども配付するほか，小山の食材を使用したレシピを展示しています。

小山市内で事業を展開する企業の資料を展示するコーナー。地元企業への理解を深め，地域振興を図る目的で，1カ月ごとに内容を変えて展示しています。

06…発想力で勝負するPR実践事例　49

ビジネス関連図書や起業のパンフレット，無料求人情報誌などを提供しているビジネス支援コーナー。

最新のビジネス情報を入手できるパソコンルーム。「ルーラル電子図書館」など，6種類のオンラインデータベースが利用可能。

色・形別のシールでわかりやすく分類するなど，子どもに配慮した工夫を随所にこらした児童書コーナー。定期的なおはなし会のほか，小学校5〜6年生を対象とした「子ども司書養成セミナー」を実施。全10回で，窓口業務や展示・掲示（おすすめ本の紹介）の実施などを体験します。

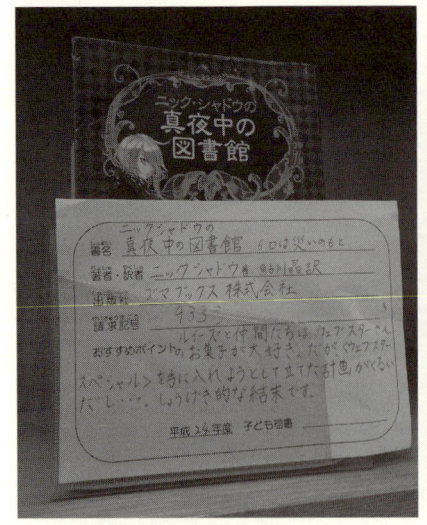

子ども司書が紹介するおすすめ本。

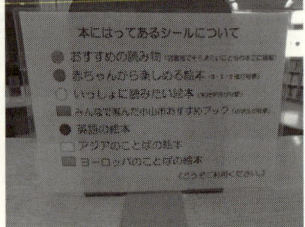

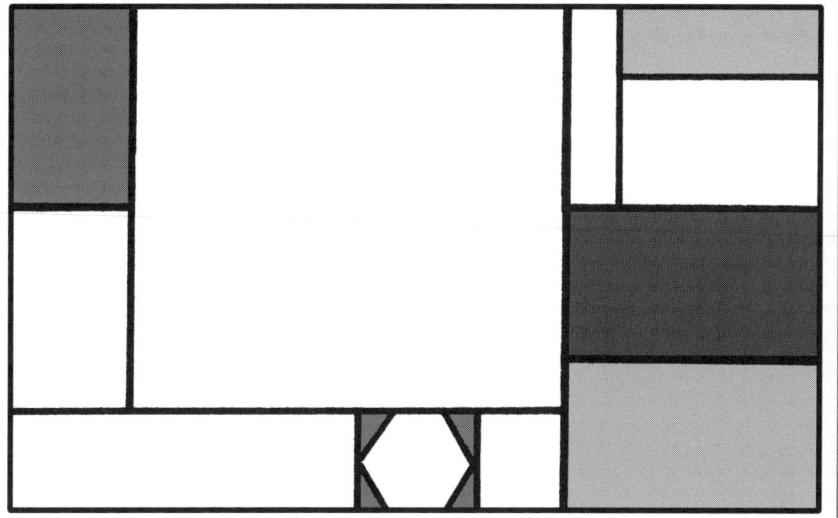

ニーズこそ
サービスを考える大前提
非営利組織のマーケティングから学ぶ

　図書館は営利企業ではないからマーケティング理論は当てはまらない!?　そんなことはありません。営利でも非営利でも，顧客とサービスがあるところならマーケティングは必要不可欠なのです。
　マーケティングの視点から日々の業務を少し見直すだけで，今まで見逃していた利用者ニーズの掘り起こしができるのです。

ニーズがサービス計画の大前提

　かつての図書館では，「私語禁止」「飲食禁止」などの禁止ルールの掲示ばかりが目立っていました。利用者のニーズよりも図書館側の管理の都合を優先す

る姿勢の象徴です。しかし利用者数や貸出数の減少と事業仕分けの時代を迎えて，図書館界もようやく利用者ニーズ優先姿勢への転換を迫られるようになりました。

　どんな図書館がよいのかを決めるのは，図書館側ではなく実は利用者のほうなのです。

問われるのは経営の能力と姿勢

　もちろん，利用者の言うことは何でも聞くべきだという意味ではありません。施設・予算・要員などの制約がある以上，要求される各種サービスが無制限に実現できることはありえません。また，利用者の間にもさまざまな要望・意見があり，一致するものと両立できないものがあります。図書館側は，個別の要求に個別に対応するという形では，サービス全体の整合性が失われる危険を避けられません。

　そこで，世の中に顕在的潜在的にあるニーズの全体像をはっきりさせたうえで，そのうちどのサービスのどの部分をどの程度まで自分の図書館が満たそうとするのかを政策的に決めるという手順が必要になるのです（章頭のイラストを参照）。

　要するに，サービス計画の全体的整合性を確保しながら，どこまでサービスを改善できるかは，経営上の能力と姿勢しだいということになります。

簡単に導入できる方法の開発

　では，利用者のニーズを把握するにはどうすればよいのでしょうか？　ここで必要になるのがマーケティングの理論です。マーケティングというと，商業・商売のイメージがあるので図書館にはなじまないと誤解している人がいますが，マーケティングは営利企業専用の理論ではなく，非営利組織のマーケティングという理論もしっかりあるのです。

　アメリカの図書館界では，1980年代から少人数の館でも特別な研究や研修を必要とせずに誰でも簡単にマーケティングを導入できるようにしようとい

う意図で「プランニング・プロセス」の概念が提唱されていました[62]。つまり，図書館の理念・目的の明確化，ニーズ調査，サービスの目標設定，プログラム開発・実施，評価とフィードバックという一連の業務の流れをサイクルとして捉えて，各業務で使うワークシートをパッケージとして用意して，全国的に普及させようという動きです。

　図書館先進国であるアメリカのマーケティング方法は，どこの図書館でも簡単に実施できるように，標準的な内容と形式をテンプレート型で提供する方式が主流になっています[63]。いかにもアメリカ流実用主義の合理的な考え方です。

管理・運営から経営へ

　利用者志向のマーケティングの視点から見れば，こうした考え方は，日本の図書館界が本格的なマーケティング手法の導入へ向けて離陸するべき方向性を提示してくれたものだといえます。

　しかし1990年代まで，日本の図書館界では，まだ「経営」という用語すら定着しておらず，図書館学でも現場でも「管理・運営」という用語のほうが主流であり，利用者ニーズにもとづいてサービス計画を立案しなおそうという主張の意味は理解されませんでした。結果的に，啓蒙の不足か現場の怠慢かはさておき，「プランニング・プロセス」概念は広く受け入れられることはありませんでした。標準的な技法が共有されていないということは，ニーズを客観的に把握することなしに，図書館ごとに，あるいは個々の館員ごとに，長年の経験と勘で，管理優先の政策決定が行われてきたことになります。

今すぐできるデータ収集から

　では実際にマーケティングを行うにはどうすればいいのでしょうか？　まず市場調査の仕方を学び，次に統計分析の方法をマスターして……なんて悠長なことをしていると，導入開始はいつになることかわかりません。そのうち，リーダーが異動になったり，組織改変があったりすると，マーケティングの話自体が立ち消えになってしまうことでしょう。

07…ニーズこそサービスを考える大前提

とりあえずは毎日の業務に生かせるデータが取れればよいのですから，あらためてデータを収集しなくても，日々蓄積されているデータを活用することを考えるべきです。貸出記録やレファレンス対応記録，こうしたものを分析するだけでも，利用者ニーズの一端を把握することはできるのです。それで不足なら，簡単で手軽なアンケートを実施してみればいいのです。
　最初から大規模で本格的な調査を目指すのではなく，現状で今すぐできることから始めてみましょう。大切なのは軽いノリと少しの勇気です。

経営を大胆に見直す
PRとマーケティングは図書館経営の観点から

　これまで解説してきたPRとマーケティングの仕事は，図書館の業務全体から見ると，その割合はさほど大きいものではありません。しかし，PRとマーケティングは図書館と図書館員の存亡にかかわる重要業務であることをいつも意識しておく必要があります。利用者ニーズを把握し，それをもとにサービス計画を立案し，告知宣伝を通じて利用者の理解・参加・協力を求めていく活動は，実は，対利用者以前に，自らの図書館のありかたと向き合う覚悟が求められるということです。つまり，利用者への働きかけを強めるには，同時に己を知るために経営全体を見直すことが必要であり，少し大げさに言えば，小手先のちょっとした改善ではなく，経営自体を根本的に立て直すくらいの気持ちで取り組まなければならないということです。

まずはビジュアルチェックから

　経営の見直しというと，統計分析を思い浮かべる人が多いかもしれませんが，それ以外にもさまざまな視点や方法があります。まずは，図書館がつくっているさまざまなモノのビジュアルをチェックしてみるだけで，実に多くの経営問題が見えてくるのです。サインは見やすくわかりやすいか，掲示は目を惹き内容が伝わるか，広報紙やホームページは親しみやすく読みやすくわかりやすいか，などというように，図書館のあらゆる視覚媒体について世の中の優れた実例と比べて，自館がどういう水準にあるかを先入観なしで見直してみましょう。自分たちが前任者から引き継いだまま無造作に反復してきたさまざまなモノがいかに魅力的でないかがわかるはずです。

　従来の図書館学や司書課程では，図書館の現場で日常的に必要になるビジュアルデザインの基本的なスキルがほとんど教えられていません。ビジュアルというものはちょっとしたテクニックで大幅に改善できるのに，なんとももったいない話です。

デザインが経営を変える

　ここでいうテクニックとは，持って生まれた才能のレベルの話ではありません。ビジュアルコミュニケーションの基本原則をとりあえずクリアできているか，という初歩的レベルの話です。最近ビジュアルデザイン系の研修も増えてきたのは大きな前進です。

　しかし，テクニックの問題以前に，利用対象者に対して利用案内レベルの基本情報を提供する機会が確保されているのかどうかが問題です。

　初来館してくれた利用者が最初に目にするのがサインであり，利用案内です。実はテクニックの問題には，単にパソコンのWordで文字を配列できるという基礎技能レベルの問題と，もう一つ，ビジュアルデザインの重要性がどのくらい深く認識されているかというデザインポリシーの問題があります。いわばデザインの大元にある図書館のアイデンティティはどんなものなのかとい

うCI（コーポレート・アイデンティティ，本書9章参照）の問題です。これがはっきりしていなければ，書体や文体，プレートの色や材質なども選べませんし，ロゴやマークもつくれません。つまり，デザイン問題はテクニック以前の重要な経営問題なのです。

利用促進は何のためか？
図書館経営の観点に立ってはじめてわかること

　最近は多くの図書館で資料費が頭打ちとなり，利用が伸びない傾向がはっきりしてきました。知恵をしぼって工夫を重ねても利用が期待したほど伸びなくなると，あくまでも利用促進に労力を割くべきなのか，利用促進はほどほどにして何か他の方策を考えるべきなのか，どちらがよいのかという迷いが生じてきます。

　確かに，図書館の蔵書の利用数は基本的に資料費が多いほど利用増に結びつける条件は有利になります。しかし，資料費だけで決まるものではありません。この迷いを断ち切るには，まず利用とは何を指すのかはっきりさせる必要があります。来館利用だけなのか非来館利用も含めるのか，あるいは施設利用，機器利用，資料利用，レファレンスサービスやILL/DD（図書館間借用・複写取り寄せ）のどれなのか。資料利用の中にも，図書，雑誌，新聞，視聴覚資料のどれなのか，来館しなくてもホームページからアクセスできるウェブ資料なのか。目的は娯楽なのか調査なのか。このように利用にはさまざまな区分がありえます。どの利用をどのくらい増やしたいのかを明確な目標値として設定する必要があります。

　もちろんどの利用形態であれ，閑散としているよりは活気があるほうがいいに決まっています。この問題は，どちらがいいか，どちらを諦めるべきか，という単純な選択の問題ではなく，予算を含む現状の条件のもとで，利用促進のためにできるさまざまな工夫を，ぎりぎりまで実施しきっているか，あるいはそれに挑戦し続けているか，という姿勢の問題なのです。

　ただ，利用が増えるといいことばかりではないという点にも十分な配慮が必要です。騒音，業務負担増，利用上の競合・奪い合い，予約待ち行列の長蛇化

などが生じるのにともなってクレームが増えます。対応策をあらかじめ考えておかないと，利用増という目標自体に内外からの批判を招きよせる危険性も増えます。

利用促進策を考える際は，利用増加は何のためだったのかを一度よく考え直すべきです。図書館を経営するという観点に立てば，最終的に全関係者がWin-Winの関係になるように，顧客満足度，経営者満足度，被雇用者満足度などを最大化することが一番重要だということがわかるはずです。

関係者満足度の総合計が増える方向へ図書館全体を動かしていくには，目先の数値目標だけでなく中長期的な戦略目標を設定して，その目標を部分的段階的に実現していく実施計画をつくっておく必要があります。

サービスと予算の不足は言い訳にならない

利用促進のためのPRは予算がないから無理と考えてしまう人が多いようです。

PRには，有料の広告だけでなく，無料の記事提供であるパブリシティという方法もあることを忘れないでください。マスコミが取材対象と考えてくれるようなネタを用意するだけですから，実は予算も手間も特に必要ではなく，ちょっとしたアイデア勝負なのです。

たとえば講習会を企画する際にも，ちょっとした工夫でもっと人目を引き，楽しく学べて満足度の高いイベントにすることができれば，参加者同士の口コミの連鎖であっという間に「行列のできる人気講座」になるかもしれません。お金以前に，人や時間の使い方を見直してみる余地があるはずです。

サービスがイマイチでもお金がなくても，PRはどんどんやるべきです。PRによって利用者と味方を増やせばサービス改善圧力が強まり，その圧力がサービスを改善させ，予算獲得への道も開けてくるのです。イマイチなサービスを改善するためにこそPRが役立つということです。PRは，お金があればやる，お金がなければやらなくてもいいというものではなくて，予算を取るためにこそPRという仕事をきっちりやらなければならないのです。

[実践事例]
現場の声を生かした図書館運営
利用者とのふれあいを
大切にする町の図書館

寄居町立図書館
(埼玉県)

埼玉県寄居町立図書館
住所　埼玉県大里郡寄居町1296-1
URL　http://www.lib.yorii.saitama.jp/

　本章では，ビジュアルやPRの重要性をあらためて見直しながら，「全関係者がWin-Winの関係になることが最重要」ということを解説してきましたが，ここでは，「お金がなくても人手が足りなくても，できることから始めよう」と，前向きに図書館経営に取り組む寄居町立図書館の事例をご紹介しましょう。

寄居町立図書館の利用カード。町の花「カタクリ」，木「山桜」とともに，図書館マスコット「Kizzy」が描かれています。

親しみやすさで利用者に人気
図書館キャラクター「Kizzy」

　寄居町立図書館の利用カードには，図書館マスコットの「Kizzy」が描かれています。町の鳥「キジ」をモチーフにしたこのキャラクターは，1999年に図書館が開館した当時，職員が描いたものが原型となっており，その後，より親しみやすくかわいらしいキャラクターへと少しずつ変化を遂げ，現在の形になりました。職員の手で生み出された「Kizzy」は，利用カードだけでなく，館内のサインや刷り物のアクセントとしても使われ，デザイン的な統一感を印象づける大切な要素になっています。

08…経営を大胆に見直す

注意書きの掲示にもKizzyを利用。
統一感づくりに一役買っています。

サインにも利用している
Kizzy。女性用トイレは赤,
男性用トイレは青のKizzy
で表示しています。

図書館だよりも,Kizzyの名を冠した「Kizzy通信」。

手芸が得意な職員が手作りした,ニット編みのKizzy。本格的なつくりで「つくり方を教えてほしい」という利用者もいるほど。

利用者の声から生まれたサービスや取り組み

　寄居町立図書館の大きな特徴は,利用者の声を形にしたサービスが数多く存在すること。内野文夫館長はこう語ります。「利用者は常連さんが多い"町の図書館"ですから,心と心の交流を大切に,利用者といっしょに運営していきたいと思っています」。日頃から職員と利用者のコミュニケーションが密であると同時に,職員のアイディアを形にしやすい職場環境も整っている様子。「職員から新しい提案があった時には,『じゃあまずはやってみよう！』と言っています。もしその企画がダメならやめたらいいし,改良の余地があるのなら再度トライすれば良いのですから」。

　こうして生まれたものの一つが,読書記録を書き込める「読書通鳥」。これは「自分の読書履歴を知りたい」という利用者のリクエストからつくられたもので,年齢を問わず,多くの方に利用されています。また,入口近くにある「リサイクルコーナー」も,利用者から生まれたアイディア。もとは,住民が持ち込んだ本のリサイクル棚として使用されていましたが,これも引き取ってほしい,あれも置きたい,という声に応えて,現在では洋服や鍋釜など,さまざまなものが並びます。「こうした取り組みもコミュニケーションの一環。利用者と会話を交わす中でニーズをとらえることも大切です」。

Kizzyをモチーフにした「読書通鳥」。デザイン，印刷，製本ともに職員の手作り。使い方の説明には，ユニークなコメントもあり，思わず手に取りたくなるつくり。

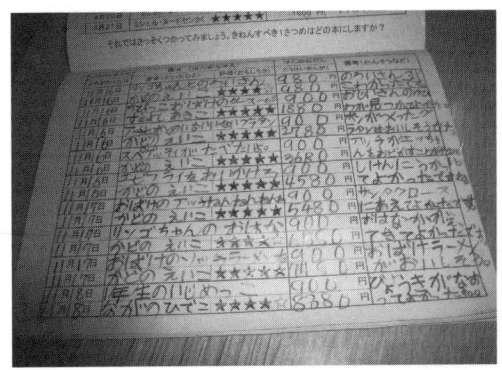

熱心に記入する子供たちも多いとか。

「来てくれた人がゆったりと，楽しい気分で過ごせる図書館にしたい」と語る内野文夫館長。市内の小学校，保育所等を回る移動図書館にも自ら乗り込み，子供たちとの交流も大切にしています。館長自身が楽しく図書館業務に取り組んでいることで，周りの職員や利用者たちにも，自然と楽しい雰囲気が生まれています。

利用者の声から生まれた「リサイクルコーナー」。持ち込まれた品は，職員が選別したあと，ここに並べられます。

視聴覚資料を含め，所蔵資料約20万点を誇る館内。

子供たちの興味を引く棚づくり。職員のアイディアが生かされています。

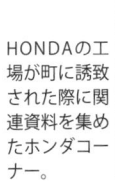

HONDAの工場が町に誘致された際に関連資料を集めたホンダコーナー。

08…経営を大胆に見直す　61

イベント企画にも職員のアイディアが光る

　図書館のイベントとしては，年1回開催する「図書館まつり」が最大のもの。古本市などを行い，毎年多くの利用者が楽しみにしています。日常的には，読書講演会や子供向けの「おはなし会」や「えいが会」を実施するほか，絵が得意な職員が発案して開催されている「石に絵をかいてみよう」というアートイベントは，毎回大人気を博しています。また，イベントだけでなく，空間づくりにもさまざまな配慮が施されており，子供たちが少しでも居心地よく過ごせるようにと考えられた児童書コーナーには，職員が手作りしたさまざまな装飾が施されており，意識の高さがうかがえます。風通しの良い職場環境も相まって，自ら何かしたい！と発起する職員が多く，内野館長によると「お金がかからなければ，基本的には好きにしていいよ，というスタンスです。手芸が得意なスタッフは，自宅で立派なKizzyをつくってきてくれたこともあります」。

　利用者の顔を見て，利用者の声をしっかり聞き，さらに職員自身が楽しむことで，お金がなくてもさまざまな取り組みができるのだという，基本的かつとても重要なことを再認識させてくれる図書館です。

畳敷きの乳幼児スペースには，ボランティアが制作した布絵本を多数ラインナップ。

夏休み期間に行われた人気講座「石に絵をかいてみよう」。小学生向けには，読書好きな小学5〜6年生を対象に，「こども司書」体験も実施しています。

09

図書館のアイデンティティを確立する
CIの考え方を応用する

　図書館のデザインや広報などを考えるうえで重要となるCIの考え方について，ここでは，実例を挙げながら，その重要性を理解していきましょう。

大前提としてのアイデンティティ

　CI（コーポレート・アイデンティティ：Corporate Identity）とは，「企業の個性を明確にして企業イメージの統一を図り，社の内外に認識させること」（大辞泉：Japan Knowledge）という辞書的定義のとおり，単なる技術的なデザイン技法ではなく，組織の経営革新を目的とする基本概念を示します。

　もちろん，すでに7章で説明したとおり，営利企業でも非営利の企業, 団体,

組織にも応用できる概念です。

その大学版がUI（ユニバーシティ・アイデンティティ：University Identity）、学校版がSI（スクール・アイデンティティ：School Identity）であり、図書館ならLI（ライブラリー・アイデンティティ：Library Identity）ということになり、サイン、広報などをデザイン統合の視点から考える際に不可欠の概念となります。

実業界ではかつて「CI」が一過性のブームに終わったという評価が一部にあるとしても、図書館界にとっては今も有効な指針になるものです。そもそも自分の図書館が何であるのか、何を目指そうとしているのかを再確認することなしに他人に何かをアピールすることなどできるわけがありません。

アイデンティティの明確化と組織的再確認という課題は、経営の基本課題なのです。最近では「ブランディング」という用語で実業界に新たな流行が始まっており、最近の図書館界でも、その応用実践の成功事例が出てきています。

[実践事例]
「ビジネス」と「地域との連携」
地域の特性を生かした
ブランディング
千代田区立
千代田図書館（東京都）

2007年の区役所移転に伴ってリニューアルオープンした千代田図書館。図書館サービス、企画、広報の3機能

千代田区立千代田図書館
住所　千代田区九段南1-2-1 千代田区役所9・10F
URL http://www.library.chiyoda.tokyo.jp/

がそれぞれ指定管理者3社によって運営され、各社の専門分野を生かした業務分担を行っています。

セカンドオフィスというコンセプト

約5万6000人の区民に対して、昼間の就業人口が約85万人という千代田区。この特性に注目し、ビジネスパーソンが利用しやすい環境にするために、2007年のリニューアルに際して打ち出したのが「セカンドオフィス」というコ

ンセプトです。平日の開館時間を夜10時までとし，電源と有線LANネットワーク設備のあるデスク82席や，11種類のオンラインデータベースを利用できる情報検索コーナーを設置。調査研究ゾーンには，ビジネス図書，新聞，辞書，事典，年鑑，白書などの各種資料が揃います。資料の利用に加え，より集中できる場所を求めて，多くのビジネスパーソンが来館しています。

地域に根ざした図書館運営

　コンセプトのもう一つの柱は，地域への玄関口となる図書館を目指すという「千代田ゲートウェイ」構想。出版産業を地域産業に持つなど，他の地域とは違った特性を生かすことが最大の目的で，図書館が情報を提供することで，本の町・神保町など，地元の産業にも興味を持ってもらい，地域を活性化させていこうという意図が込められています。出版社や古書店と連携した展示や，「図書館コンシェルジュ」による千代田区内の古書店や飲食店などの情報提供など，地域密着型の新しいサービスを形にしています。

明確なコンセプトとフレキシブルな発想が
ブランディング成功のカギ

　新しい形の図書館としてだけでなく，リニューアルオープン時に電車の中吊り広告を打って話題を集めた千代田図書館。広報を担当する坂巻睦氏によると，「セカンドオフィス」「千代田ゲートウェイ」という明確なコンセプトを持った図書館であることをPRするためには，「有料広告」という手段は必然的な流れだったといいます。「2007年当時，デスク席があって調べ物をしながらビジネスや趣味，勉強に没頭できる図書館はあまりありませんでした。閉館時間は遅くても夜8時頃，一般企業で働く方にとって町の図書館といえば，月に1～2回本を借りに行く場所，という認識が強かったと思います。そこで，まずは"自分たちが本当に使える図書館がある"ということを認知してもらうことが最優先事項であると考え，そのための広報手段の一つとして選択肢に挙がったのが，中吊り広告や雑誌広告でした。もちろんこうした手段を使うにはお金がかかるわけで，母体である行政の理解が必要です。行政の理解を得るためには，区として図書館をどのように運営していくのかという志のようなものが大変

重要なのだと思います。指定管理者だからできるのでしょうとおっしゃる方も多いですが，決してそうではなく，地域や自分の図書館の特性がどういうものなのかを考えていけば，やれること，やるべきことが自ずと見えてくるのではないでしょうか」。フレキシブルな発想と行政の理解，そして明確な図書館コンセプトがブランディングを成功させているのです。

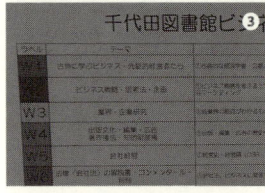

①2カ月に一度テーマが変わる展示ウォール。千代田図書館の特徴あるコレクションや出版社との連携展示など，千代田区に関連するテーマで企画展示を開催。パネル解説とともに，関連図書が展示されます。
②出張古書店コーナー「としょかんのこしょてん」。神田古書店連盟との連携展示コーナー。各古書店の特徴ある資料の展示と購入案内を行っています。
③ビジネス書コーナーの約1000冊はテーマ別に整理。必要な書籍がいつでも利用できるよう，貸出は行っていません。
④11種類のオンラインデータベースが利用できる情報検索コーナー。
⑤電源とネットワーク設備を完備したデスクタイプの閲覧席。より集中できる個人ブース席も16席あります（申し込み制）。
⑥図書館コンシェルジュが常駐するコンシェルジュブース（写真奥）。ブースの前に広がるのは，千代田区の古地図を再現した絨毯。現代との比較ができて楽しめるスペースになっています。
⑦コンシェルジュブースでは，館内ガイドツアーの受付のほか，千代田区の街案内も行っています。
⑧授乳室，おむつ替えスペースつきトイレが完備された子ども室。定期的なおはなし会のほか，月2回託児サービス（有料）を行うなど，保護者の学習環境の整備にも力を入れています。

PR媒体には
目を引き読ませる技を使う
レイアウトの基礎を手早く学ぶ

　図書館のPRに欠かせない印刷メディアの活用について学ぶ前に，レイアウトの基礎知識を押さえておきましょう。簡単なコツを知るだけで，誰にでも見栄えのよい印刷媒体をつくることができるのです。

自分のセンスはあてにならない

　図書館員がつくるチラシやポスターを眺めていると，どうにも素人っぽい印象が否めません。プロのデザイナーではないから当然といえば当然かもしれません。しかし，なぜ自分のセンスを頼りに経験と勘だけでつくろうとするのか，考え直してみることが必要です。いきなりワープロソフトを開いて，キャッチ

フレーズを思いつくままに書いたり消したり，盛り込むべき情報を並べてみて追加したり削除したり……というつくり方をしていませんか？　同僚と共同作業する際も，「これでいいんじゃないか」「こっちのほうがいいよ」とアイディアが出るたびに全部削除したりまた文字を入力したり，見出しをタテにしたりヨコにしてみたり……。行き詰まった挙げ句に，「ま，これでいっか」と"完成"。

　なぜこういう作業風景が一般的なのでしょうか。たとえば分類作業をする際はNDCを参照するし，目録作業ならNCRを参照します。規則，基準，マニュアルをことのほか尊重する図書館員が自分のセンスだけを頼りに適当に作業をするなどということはありえないはずです。広報活動でも実は同じことなのです。本章では，広報媒体をつくるためのレイアウトの基礎を解説します。

レイアウトの基礎理論を学ぶ

　特にデザイン系の大学や専門学校で学ぶ経験を積んでいない素人でも，印刷媒体をそれなりの完成度で形にすることは，ある程度までは可能です。ある程度までというのは，芸術的完成度のレベルではなく，告知効果のレベルをとりあえずクリアする，という意味です。そのためには，デザイン分野の総合的な知識のうち，レイアウトの基本中の基本について知っておくだけで十分なのです。

　レイアウトについては，詳細は多くの解説書の中から適宜参照していただくとして，本章では，実務に役立つポイントにしぼって紹介しましょう。

❶ 情報を分類する

　まずは印刷物に盛り込む情報を分類整理することから始めます。分類作業は図書館員にとって得意な分野です。各分類ごとに色相による差異をつけながら，印刷物全体の配色トーンに統一感を持たせることが大切です。

❷ 情報とイメージのバランスを決める

　デザインを決めるためには，伝えたいのは情報なのかイメージなのか，どちらを重視するかを決め，情報の中でも，文字情報重視なのか視覚情報重視なのか，両者のバランスを決める必要があります。

❸ 版面の扱い方を決める

　印刷物の紙面全体の中で余白を除いた版面の大きさ（版面率）と位置を決めます。版面の中で文字と図版の割合（図版率）を決め，版面の中をグリッド（格子）で区切ります。版面内の余白（ホワイトスペース）の入れ方を工夫します。

❹ 文字の書体と配置の型を選ぶ

　本文文字の書体は，自分の好みではなく，印刷物のイメージに合わせて選びます。文字の配置は，感覚ではなく，揃えの型として，左揃え／右揃え／中揃え／下揃え／上揃え／ジャスティファイ（両端揃え）の中から選びます。

❺ タイトル文字を工夫する

　タイトル文字は本文へのアイキャッチャーとして重要です。強調書体を選ぶかオリジナル文字を作成することもできます。ただし，奇を衒いすぎると目立つ代わりに可読性が犠牲になるので要注意です。

❻ 対称形か非対称形かを選ぶ

　版面の中で文字や図版を対称形（シンメトリー）に配置して，安心，安定，権威，静寂などの雰囲気にしたり，非対称形（アシンメトリー）によって不安，動きなどを狙ったりすることもできます。

❼ レイアウト素材の組み合わせを決める

　版面の中に盛り込む素材をどれにするかを決めます。素材としては以下の七つがあります。

　①見出し類　②写真　③カット・イラスト　④図表・図版
　⑤罫線　　　⑥記号類　⑦本文（文字組み）

❽ 素材の形，大きさ，配置を調整する

　各素材を版面内に配置する際は，素材の形を四角形，三角形，円形，楕円形などどの形にするかを決めます。そしてその形をどのくらいの大きさにするか，どの位置に置くのが適当かを調整します。

❾ 視線を誘導する

　印刷物を見て読んでもらうためには印刷物の平面上で視線を誘導するという考え方が必要になります。ヨコ組の場合，人の視線は上から下へ，左から右へという方向へ移動する傾向があり，一番目立つ素材に視線が引きつけられます。そこで，主役と脇役ではっきりと差をつけること，メリハリ，緩急，強弱

などのアクセントをつけることが大切です。また，上部を重くし，下端に幅一杯の底上げを入れることによって，ページ全体の安定感を得ることができます。底上げの幅の中に詳細情報を小さく入れることで興味を持った人に最後に詳細情報を読んでもらうことができます。

ポスターやチラシの場合，右下端にロゴマークを置くことで視線の誘導が完結します。

実務に応用するコツ

理屈がわかったら，あとは応用あるのみです。最初は失敗続きになるかもしれませんが，そんなことは気にしないでどんどんつくっていくことで自信がついてきます。自信がつけば，短時間で簡単につくれるようになります。

レイアウト理論を図書館での実際の仕事に応用するコツをまとめておきますので，トライしてみてください。

❶ **型を使う**
- 揃え・開きと両面分割を
- 意識的にそれとわかる型で

❷ **メリハリ**
- 大きさの台上の差を極端に
- 小さい文字説明を恐れない

❸ **余白を意識的に使う**
- 空白を恐れない

❹ **段階的吸引理論**
- 見出し，リード，本文をはっきり区別

❺ **段階的仕上げ**
- アイディア→コンプ→ラフ→版下

❻ **すばやい作業で複数パターンを用意**
- 気軽に試行錯誤，候補の選択肢をしぼる，最後は決断

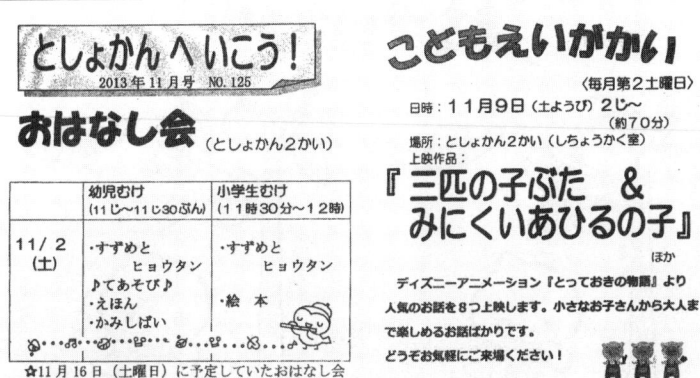

◎良いチラシの例①

〈表〉

〈裏〉

裏面にクイズを配した，アイディアが光るチラシ。楽しみながら情報を読んでもらうことができます。

10…PR媒体には目を引き読ませる技を使う

◎良いチラシの例②

タイトル文字が目を引き，見出し→本文→詳細情報へと，視線が誘導されます。チラシの対象者である小学生向けに，文章も工夫されています。

文字の大小にメリハリがあり，見やすいレイアウト。写真，地紋，罫線と，アクセントになる素材を使い，情報がバランスよく整理されています。

ポスターは「目立つ」が命
図書館イメージ戦略のトップバッター

　図書館利用教育の実施方法の中で，印刷メディアは重要な役割を果たします。『ガイドライン』の「印象づけ」や「サービス案内」だけでなく，「情報探索法指導」「情報整理法指導」「情報表現法指導」の各領域においても，印刷メディアは大切な方法・手段として活用されています。本章以降で，ポスター，サイン，掲示，パンフレット・リーフレット，PR紙について解説していきます。

宣伝やイメージアップに効果的

　ポスターは，広告・宣伝・イメージアップのために使われる比較的大きな印刷物で，掲示板や壁に貼りつけて，視覚的な要素によって注意を引き，イメー

ジや情報を伝達するための非常に効果的な手段です。

　図書館利用教育の媒体としてのポスターは「印象づけ」領域の強力なメディアであり，各種の講習会等のイベントの告知に威力を発揮します。

　サービス機関としての図書館のPRという観点に立てば当然，宣伝やイメージアップが必要になります。図書館でオリエンテーションなどのイベントの告知のためにさまざまなお知らせ掲示がつくられていますが，残念ながら概して告知効果が高いとは言えません。

いかにアピールするか

　ポスターがその役目を果たすのは，イラストや写真，デザインによって見る人にアピールするからだという当然のことを，まずは確認しておきましょう。大きな紙に大きな字で書けば伝わるはずだという発想は，一般には通用しません。

　利用者の視線を惹きつけるには，まず目立つビジュアルデザインを大胆に工夫することが大切です。目を引く図版と，意外性のあるキャッチコピーを大きく入れるだけで，ポスターの宣伝効果は格段に向上します。

キャッチコピーは真似することから

　「日々の仕事量も多いし，時間もない。そんな中で意外性のあるキャッチコピーをつくるってどうしたらいいの？」そんな声が聞こえてきますが，プロのコピーライターを目指そうというのではないのですから，まずは難しく考えず，身の回りに溢れるさまざまなキャッチコピーを見直してみましょう。たとえば電車の中吊り広告や駅通路のポスターなど，流行のフレーズやインパクトのある表現を意識して集めておくようにします。そして，それをベースにして，あるいはひとひねりして，図書館用のキャッチコピーを考えていけばよいのです。まずは真似をすることからはじめてみましょう。

レイアウトのポイント

　前章では，レイアウトの基礎理論と応用の基本原則を解説しましたが，図書館で必要な最低限の原則を絞ると，長年の経験上，以下の五つで十分であると

［悪い例］……………………………………………………………………………

・寄せがあいまい
・見出し書体が装飾過剰
・説明文の1行が長すぎて読みにくい
・陳腐なイラスト
・中途半端な大きさ
・底抜け
・ロゴマークなし

11…ポスターは「目立つ」が命

いう結論に至ります。

① 横組／縦組　　② 左寄せ／中央合わせ　③ 上下分割／底上げ
④ 大見出し／極小文字　⑤ 下線／罫線／囲み

　これらの五つの最小基本原則を使って，ポスターの基本型を作成してみました。ロゴマークは右下隅に入れるのが原則です。

［良い例］

・スッキリ
・左寄せキャッチコピー入り
・シンプルな書体
・表形式
・大きなイラスト
・底上げ
・ロゴマーク

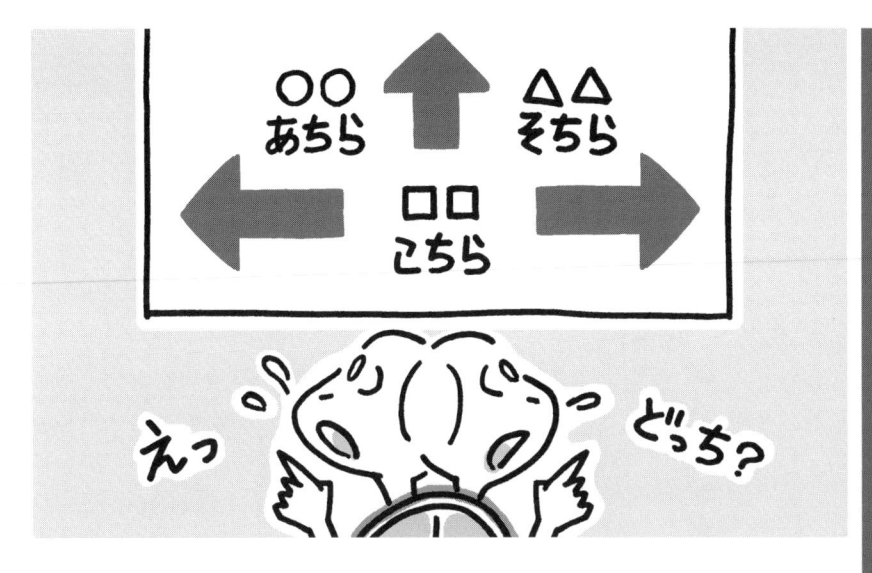

サインは「おもてなし」の入口
誘導と説明の中でよいイメージを伝える

　利用者を目的地へ誘導。案内する機能を持つサイン。館内のデザイン統一を考えるうえでは外せない要素でもあります。日ごろ，利用者から「○○はどこですか？」という同じ質問の繰り返しに辟易している図書館員にとっては，利用者迷子化の原因を根本から改善するチャンスはサインの見直しから始まるのです。

誘導案内と印象づけの両方の機能

　「サイン」とは一般に，ある環境の中で，人が必要とする場所や物へ導いたり，ある物の存在についての情報を知らせたりするための，建物に固定された視覚

的媒体の一つです。

　「サイン」というと，案内板や掲示板の類というイメージでとらえられがちです。「サイン」は建物自体と深い関連を持つため，新館建設や改造時に意識されるだけで普段は特に見直されることがなく，設計者と建設業者に任せておけばいいと考えられている場合も多いようです。

　しかし，PRの観点からは，「サイン」をただの案内板だとみなすわけにはいきません。「サイン」には，メッセージを伝えるための媒体としての誘導案内機能だけでなく，組織体のイメージを伝える印象づけの機能があるという点が図書館界では理解されていないのです。また，案内誘導を利用者サービスの一部としてとらえる場合でも，「サイン」は「サイン」としてだけ単独に制作されており，他の方法手段との整合性はほとんど考慮されていません。利用者の側から見れば，判読しにくく，理解しにくい，いらだつようなちぐはぐな「サイン」ができあがってしまうのです。

　元来，図書館の集客が重視されているのであれば，建物の立地は，多くの人が通る太い動線上に，人が集まるのに便利な場所が選ばれるべきです。しかし，不便でわかりにくい立地という悪条件にある図書館にとっては，せめて「サイン」ぐらいはしっかりつくっておくことが最低限必要なのです。

「サイン」活用のポイント

❶ 全館的統一を考える
　同じ図書館の中なのに，行くところどころで「サイン」がワープロ文字だったり筆書きだったり，やたらと「静粛」「飲食厳禁」が貼られているかと思えば，トイレの場所さえ示されていない，といった例がよく見られます。また，「出口ではありません」「No Exit」といったネガティブな回りくどいものもよくあります。全館・全部署を通して統一したデザインで，わかりやすい肯定的な表現で，PRの一環として，総合的に「サイン」を考えることが大切なのです。

❷ 好みよりも標準で
　字の大きさ，設置する高さ，場所，色彩などは，図書館員の好み以前の問題として，建築デザインの技術的標準があります。自分の印象で決めず，まずは

そうした標準にもとづいて仕事を始めるのが大原則です。

❸ 維持・更新のシステムづくりを忘れずに

　「サイン」は一度つくれば終わりというものではありません。新館建築から年月を経た多くの図書館では，配置の変更や書庫の増築等で従来の「サイン」が役立たなくなっているはずです。現状に合わない昔の掲示がそのままだったり，変更箇所に紙を貼りつけてあったりしているのではないでしょうか。こうした見苦しい事態をなくすためには「サイン」を維持・更新していく組織も含めた，総合的なシステムとして「サイン」を考えることが重要です。

[実践事例]
さまざまな工夫が施されたサイン例

館内全体で統一されたデザイン
北区立中央図書館（東京都）

　天井近くに配置された案内表示は書架によって視界を遮られないので，離れた位置からもよく見えます。書架の配置を示す表示は，すべてドットの地紋を基調としたデザインで統一。ピクトグラム（絵文字）も効果的に使われています。

書架の配置を「番区」で示した館内。2番区は青，3番区は緑など，色による識別もしています。

総合カウンター上には，貸出と返却，案内などを示すピクトグラムを表示。

遠くからでも視認できるよう高い位置に大きく示したトイレ表示。

12…サインは「おもてなし」の入口　　79

手作りの分類表示
十文字中学・高等学校(東京都)

コラージュやイラストで，分類内容を表現しています。かわいらしさと温かみのある女子校らしいサインです。

掲示物の中には生徒達の手書きのものも。作品を展示する場にもなっています。

イラスト表示で硬い印象を和らげる
神奈川県立川崎図書館(神奈川県)

　日本有数のコレクションを誇る社史室では，業種別に資料を分類。分類表示には，文字と記号のほか，イラストも用いられています。わかりやすさだけでなく，資料自体の硬い印象を和らげるのも狙いです。

五つのキーワードでマナーを注意
小山市立中央図書館(栃木県)

　館内で，利用者のマナー向上を促す掲示物はこれ1種類のみ。随所に掲示されていても統一感があり，すっきりとした印象です。

[実践事例]
一目でどこに何があるかが
わかる設計。開放的で利用
しやすい新しい形の情報空間
山梨県立図書館

　新たに建築された図書館ではどのようなサインが使われているのか，2012年11月にオープンした山梨県立図書館の例を見てみましょう。甲府駅前に建

山梨県立図書館
住所　山梨県甲府市北口2-8-1
URL　http://www.lib.pref.yamanashi.jp/

つこの図書館は，「まちと一体感のある施設」をコンセプトにした建築デザイン。ガラスを多く用いて透明性が高いため，街路からも館内の活動を見ることができ，図書館が開かれた場所であることを印象づけています。

本と人，人と人とを結ぶ開放的な空間づくり
わかりやすい案内表示で利用しやすい設計

　「図書館は単に"静かに本を読む"ところではなく，さまざまな人々が集まってコミュニケーションしながら，情報を交換，生産，発信していく場である」との考え方から，開放的な情報空間をつくり上げた山梨県立図書館。もっとも特徴的なのは，図書館全体を静寂の場とするのではなく，自由に会話や作業ができる開架エリアをベースにして，その中に静かに本を読みたい人のための「サイレントルーム」（静寂の場）を設けていること。各エリアに来た利用者が，他のエリアにも気軽に立ち寄ることができ，そこから思いがけない出会いや交流が生まれて情報収集ができる，そんな「場」がつくり上げられているのです。

　4階建ての建物内は，吹抜けを介して，館内にいる人々のさまざまな活動をお互いに感じ取れる演出がなされており，グループ学習やサークル活動，研修会などで利用できる「交流ルーム」や「サイレントルーム」は，すべてガラス張り。館内表示には大きく見やすい文字を採用し，一目でどこに何があるかがわかる設計になっています。

①広く見渡せる構造で，利用したい場所や窓口の位置関係がわかりやすくなっています。
②館内の誘導サインは，大きく見やすいシンプルな表示を採用。
③④⑤遠くからでも所在がわかるコーナー表示。効果的なライティングで，文字を目立たせています。

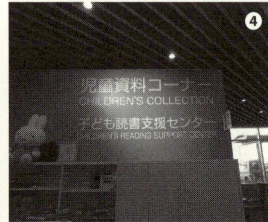

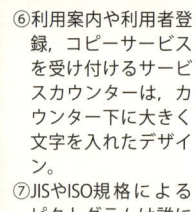

⑥利用案内や利用者登録，コピーサービスを受け付けるサービスカウンターは，カウンター下に大きく文字を入れたデザイン。
⑦JISやISO規格によるピクトグラムは誰にでもわかりやすい。
⑧児童書コーナーにある読み聞かせスペース。ピクトグラムがデザインのアクセントに。
⑨イベント情報や利用案内のほか，ニュース，気象情報等も提供する「デジタルサイネージ」。館内利用のマナーも表示されます。

13

掲示にもルールがある
雑然・難解から整然・明解へ

　図書館の入口の掲示板や廊下の壁，各カウンターの周辺など，館内あちこちに掲示の類があふれています。開館日程・時間の変更や行事案内のほか，親組織の関連部署や外部関連団体から届いたポスターやチラシなど，実にさまざまな作成者によるさまざまな目的の印刷物が貼り出されています。中にはすでにイベント当日を過ぎたものも剥がされずに残っていたりします。本章では，マナー注意の掲示を例にして，「わかりやすさ」について考え直してみましょう。

住み分け原則で

　館として利用者にルールやマナーについて急いで注意を促したいときに，作

成した大事な掲示を貼るスペースがなくて困ったあげくに他の掲示物の上に重ねて貼ってしまったりします。掲示物は，放っておくと雑然度が限りなく増大していくものです。

　雑然化を防ぐには，まず利用案内系とイベント告知系と注意事項系という3区分を設定して，個々の掲示物を貼り出す場所を整然と分けておくことが有効です。

　責任部署を決めて，貼り方の原則を守るようにし，掲示期限を過ぎたものを剥がし，掲示物の全体が整然とわかりやすくなっているかどうかを定期的にチェックする管理体制をつくっておくことも欠かせません。

受け手側の視点を忘れずに

　ついつい管理上の都合で考えがちですが，一番重要なのは，伝えたいメッセージがきちんと伝わっているか，という対利用者コミュニケーションの視点です。貼り出す場所，大きさ，形態，メッセージ，色など考慮するべき事項をきちんと検討して計画的に作成・運用・管理することが必要なのです。

わかりやすくシンプルに!

　手軽に貼れる掲示ですが，言い回しや掲示方法に不備があると，注目されなかったり，せっかく読んでもらったのに理解しにくかったりして，肝心の誘導や説明の効果が出ません。また注意を促すはずが反発や不信を招いてしまって逆効果を生む危険もあります。

　図書館界には，正確さを求めるあまり言い回しがくどくなり，結局はメッセージがうまく伝わらないという事例がよくあります。

　どこの図書館にもありそうな実例をお見せしましょう。

◎事務室内の台所の掲示

> 本体を左右に回すと，ストレート（浄水）・シャワー（原水）を選べます。シャワー（原水）は，50℃まで使えますが，熱湯を使用すると浄水器が壊れます。洗い物にはシャワーを使用すると浄水器が長持ちします。　　　　　　（2008年7月）

　急ぎの時に，どの場合はどっちにすればいいのか，一瞬で判断できそうもありません。台所の掲示は利用者の目に触れないのでまあいいとしても，閲覧ゾーンではそうはいきません。

◎閲覧室の返却用ブックカートの注意サイン

> 返却台の利用について
>
> 　ご利用になった図書については，元の書架に戻していただくのが原則ですが，図書が書架に入らない場合，書架に戻す時間がない場合には，この返却台をご利用ください。　　　　（1996年4月）

　今，自分はどうしたらいいのか？　カートの前で「う〜む」と唸ってしばしたたずんでいる利用者の姿が目に浮かぶようです。客観的な正確さを重視したつもりの長い説明文はイマドキのせっかちな利用者には耐えられません。不思議なことに，12年を経て，別の図書館員がつくった掲示なのに「くどさ」は共通しているように見えます。

　気軽，便利，自由な図書館，有能で親切な専門家の存在を印象づけようという図書館利用教育の観点から見れば，「人に伝えるのが下手な図書館員」という印象を与える点でマイナス効果が歴然です。

　「掲示はわかりやすくシンプルに！」これが鉄則です。

13…掲示にもルールがある

14

パンフレット・リーフレットはシリーズ展開の勝負
違いがわかる形，色，番号で

　どこの図書館でも制作・配付されている「利用案内」。しかし，利用の仕方を案内するという効果を期待どおりに果たしているでしょうか。読んでほしい対象者を絞り込んで，ニーズを明確化し，それに合わせて媒体をデザインする……。利用案内づくりでも，マーケティングの視点を生かすことが重要です。

「利用案内」は図書館の"名刺"

　図書館のパンフレット・リーフレット類の代表格は「利用案内」と呼ばれる印刷物です。携帯型印刷メディアのうち，本の栞よりは一回り大きなもので，冊子というほどの厚さがなく，図書館の利用方法について説明してある配付

物，と考えておきます。

　「利用案内」の内容としては，館内案内図・開館日時・サービス案内・分類表・類縁機関案内などの他，配架分類表，情報探索案内，ILL（相互貸借）の利用法などの項目ごとに簡単な説明が書かれています。項目ごとに独立した印刷配付物を用意している館も多く見られます。

二ツ折と三ツ折の利用案内。見やすくすっきりとしたレイアウトで，わかりやすくつくられています。

14…パンフレット・リーフレットはシリーズ展開の勝負

形態はさまざまで，リーフレット（一枚物）では，片面印刷と両面印刷があり，二ツ折・四ツ折など，折り方に工夫が見られます。小冊子の場合は，見出しをタブ形式にするなどの工夫を凝らしたものもあります。

「いいとこ取り」の切り貼り細工

「利用案内」はどのようにしてつくられているのでしょうか。他館の「利用案内」を多数集めてきて，形態別や掲載内容別に分類して，「使いやすい」「見やすい」といった印象をもとにして「いいとこ取り」の切り貼りでつくる。そんな例が多いようです。良い例を参考にして自館用をつくるというやりかたがいけないとは言えません。むしろ推奨されるべきです。しかし，良し悪しの評価を素人の印象だけで行うと客観性が保証されません。媒体の評価は配付対象者や利用目的の明確化が大前提だからです。

一点豪華主義を捨てる

よくある間違いの典型は，一種類の「利用案内」にあらゆる項目を詰め込んで分厚い冊子型にしたものです。忙しい利用者が隅々まで熟読して内容を覚えようとするでしょうか。必要なときに項目を参照するために自宅に保存しておくでしょうか。配付しても机上で埃をかぶるかゴミ箱へ直行でしょう。印刷配付する費用が無駄になるだけです。

実際，一点豪華主義の「利用案内」が重宝するのは，見学に来館した図書館員向けに「お土産」として配付するときくらいでしょう。

誰がいつどう読むかを想定

効果的に情報を伝えようとすれば，その配付対象，配付の場所・時期・方法，受け手の行動などを考慮したうえで，形態や掲載内容，レイアウトを検討するのが広報の初歩的常識です。

「利用案内」は数ある広報手段の一つであり，また利用教育の方針に合わせ

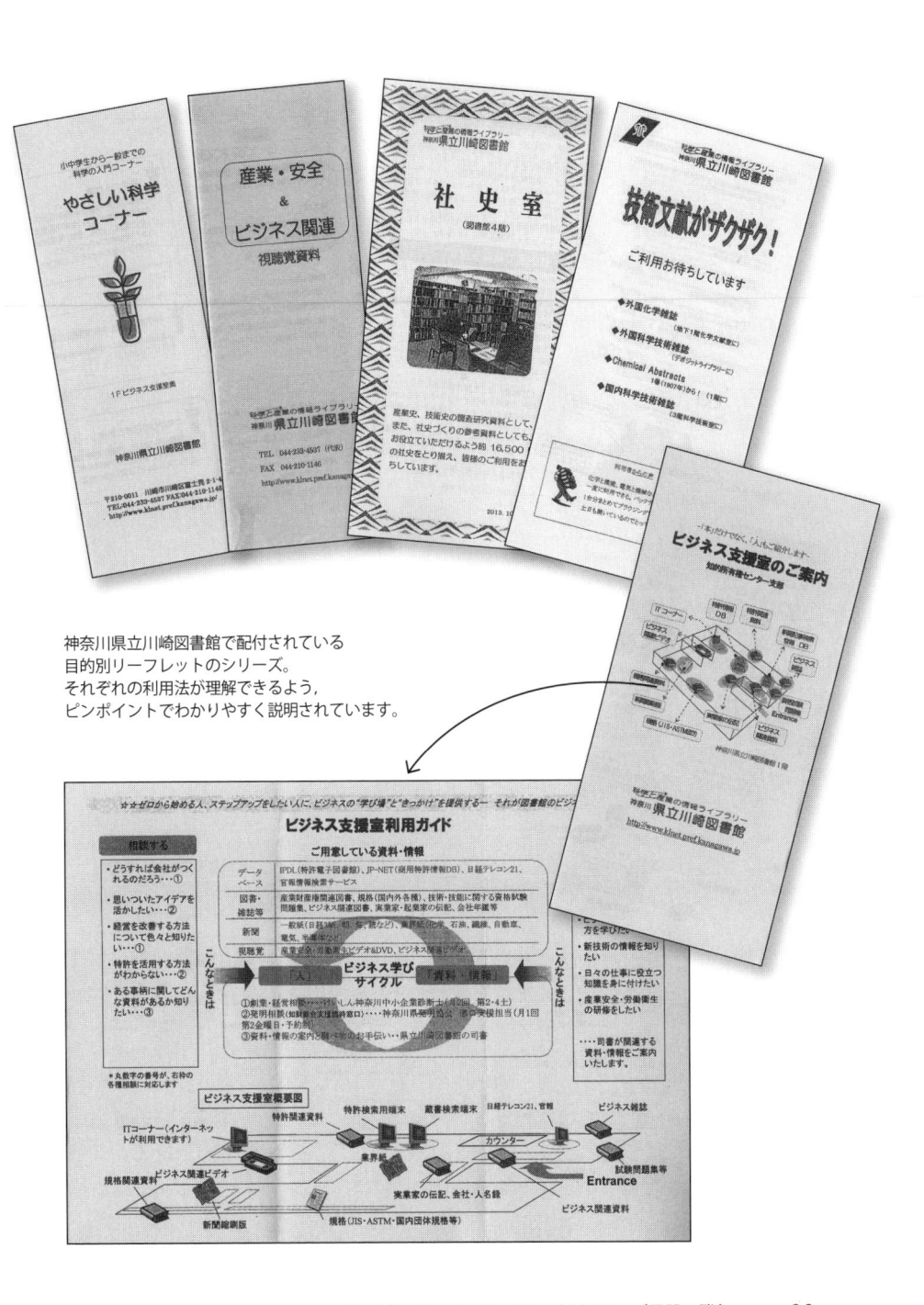

神奈川県立川崎図書館で配付されている
目的別リーフレットのシリーズ。
それぞれの利用法が理解できるよう，
ピンポイントでわかりやすく説明されています。

14…パンフレット・リーフレットはシリーズ展開の勝負

て対象別・利用目的別につくられる印刷媒体システムの一部分にすぎないことを忘れてはなりません。

　メディアミックスの視点が欠けていると，印刷配付物やホームページなどがそれぞれ単独の作品として制作されてしまい，媒体間の連携があまり考慮されないことになりがちです。

単品ではなくシリーズ展開を

　もしも現在，一種類の豪華な「利用案内」しかないとしたら，その一種類を後生大事に改訂し続けるというやり方を捨てることから始めなければなりません。

　広報計画の総合的な立案の方向に向けて全体像を描き直し，媒体ごとの役割分担を明確化し，すでに使われているものを確認し，そのうえで一つひとつ空白を埋めていく姿勢が必要なのです。

　必要とされる「利用案内」シリーズの全体像，さらにはメディアミックスを踏まえた広報媒体の全体像をはっきりさせながら，個々の媒体を一点ずつ，できる部分からつくっていけばよいのです。一点豪華主義の「利用案内」をつくるよりも，利用者の目的別に項目ごとのリーフレットをシリーズ展開するほうが，より無駄がなく，使いやすいものになるはずです。

セクショナリズムを超える情報共有

　「利用案内」の制作というと，大規模館では閲覧係の仕事となり，他の係は関知しないことがあります。スタッフ数が少ない小規模館では広報や編集に心得のある館員に任せるしかありません。「利用案内」が特定の個人の"作品"であるかのように私物化されてしまう傾向が出てきたら要注意です。他の館員が改善のアイデアを出しにくい雰囲気をつくらないよう，さらに担当者が異動・退職した場合でも広報業務の継続性が保たれるよう，広報媒体は館員全員でつくる意識をいつも共有しておくことが大切です。

　たとえば分類表や配架場所の変更，データベースの契約変更など，「利用案内」

に影響する情報は事前に，あるいは事後直ちに，広報担当者と共有されなければなりません。情報共有の意識が弱い職場風土の中では他部署の館員が気づきもしないということが起こります。「利用案内」は個人の「芸術作品」ではありません。日常業務全般の中で全館員がいつも広報戦略の全面展開という意識を持ち続ける努力が必要です。

実業界の好例を真似してみる

　図書館員は編集やデザインの専門家ではないので，図書館界の中で収集した「利用案内」の中に本当に参考にするべき良い例があるとはかぎりません。専門家の手によるものがあるかどうかも疑問です。せいぜい自館のものよりは「進んでいる」ように見える参考例程度のものと考えるべきです。本物の参考事例を探すなら，せめてプロのデザイナーによる本格的な印刷配付物に目を向けることを考えるべきです。

　「利用案内」やそれに類する印刷物をつくっているのは図書館だけではありませんから，図書館界の狭い枠にとらわれず，美術館，博物館などの類縁機関や，運輸・交通関連の公共サービス機関，さらにデパート，コンビニなどの一般サービス業で配付されている広報媒体を集めてきて，その優れたデザインを取り入れる発想を持つことが有効です。

　まずは本物のプロのデザインを真似するだけで，昔ながらの古臭い「利用案内」のイメージはかなり改善できるはずです。

自前手作り路線の限界を知る

　注目度が上がり，期待される効果も高くなると，「利用案内」の媒体としての完成度をさらに上げたくなってきます。広報戦略上，改善意欲の向上は望ましい傾向です。しかしここが考えどころです。図書館員の手で見栄えのいい「作品」をつくることに必要以上に執着してしまうと，「自前手作り自己満足」説という図書館員がよく陥る停滞パターンにはまりこんでしまいます。

　自前手作り路線を推し進めると，編集・デザインの専門知識の習得のために

多大な時間と労力を割かれることになります。それを許せるほどの余裕のある図書館はそう多くありません。広報にどの程度の労力を配分するべきかは，館内での広報業務の位置づけしだいです。

確かに広報は重要ですが，業務全体のバランスを無視してまで広報に人手を割くのは行き過ぎになります。図書館員はプロのデザイナーではありません。自前の館内人材でできるデザインレベルには限界があることを知ることが必要です。

完成度の追求は外注で

そこで，人手不足と完成度不足という課題をいっきに解決するのが外注という選択肢です。ただし，外注には予算が必要になります。

まずは「図書館のことを知らない外の人間に利用案内をつくらせるわけにはいかない」などと言い張る自前手作り主義の館員を上手に説得するという難題をクリアしましょう。そして，同僚や管理職者，親組織の予算編成部門に対して，外注のための予算獲得という図書館員がもっとも苦手とする交渉ごとにも積極的に挑戦しなければなりません。もちろん，すぐに満額が承認されることは難しいかもしれません。しかし，得意でも苦手でも，実績を背景にして，正攻法で，あるいは根回しで，交渉を重ねるしかないのです。予算配分額自体が各館での広報戦略の発展レベルの反映なのです。

「利用案内」の作品としての完成度の向上は，プロのデザイナーを使うこと，すなわち制作段階の外注でしか実現できないということを忘れず，自館の広報のレベルを上げていくことに力を注ぎましょう。

15

PR紙は
活動アピールの強力媒体
役立つ記事満載で次号への期待を高める

　魅力的な図書館PR紙には，その図書館の魅力がたっぷり詰まっています。「長年出しているから」「前任者から引き継いだから……」と惰性でつくられたものが，利用者の興味を引くはずがありません。まずは，PR紙とは何かを根本的に考え直していきましょう。

伝統的な「館報」を超えて

　図書館の「PR紙」とは，利用者向けの印刷配付物のうち，比較的薄手の逐次刊行物を指します。図書館についてコミュニティ内外に流通する印刷媒体として，広義には，図書館紀要や図書館年報の類も含みますが，狭義には，「お知らせ」

を主体にした比較的薄手の定期刊行物ということになります。

　図書館界では伝統的に「館報」という印刷物が存在しています。題字が筆書きのロゴで，一面にタテマエ主体の「館長挨拶」があり，文字だらけで，時に空きスペースに草花の線画などが配されている，といった堅苦しいイメージ。これでは時代遅れの感を否めません。誰に，何のために，どんな方法で配付するのかといった広報媒体づくりの基本的前提が抜け落ちているのです。受け取った利用者の誰にとっても中途半端で面白くないと，結果としてほとんど読まれない，形だけの「PR紙」になってしまいます。

　「PR紙」を本来の姿で再生することができれば，情報リテラシー関連のさまざまな連載記事を掲載して，毎号読者から多数の反響の手紙が来るような，強力な広報メディアに育てることもできるに違いありません。

図書館界の会報類を見直す

　利用者向けの印刷媒体を考える前に，図書館界の協会，協議会，研究会などの各種団体の会報類を見直してみましょう。図書館員の逐次刊行物についての認識がよくわかるはずです。誌名が形式的なものになるのは仕方がないとしても，内容と形式が旧態依然としているものがあまりにも多すぎます。典型的な悪例を整理しておきましょう。

❶ 内容面
- 会長館の挨拶は形式的でタテマエばかりの文章。
- 行事報告の記事なのに肝心な日時や会場，参加者数などの基本データが抜けている。
- 記事群が羅列的でメリハリに乏しい。
- 読んで行動に移してほしいという情熱が感じられない。

❷ 形式面
- 見出しが形式的なものばかりで，読者の目を引きアピールしようという意思が感じられない。
- 本文はだらだらした1段組みで長文で，段落ごとに小見出しがなく読みづらい。

- 1行が長すぎて，改行ごとに次行の行頭がどこだかわかりにくく，目が疲れる。
- 各ページごとに逐次刊行物としてのタイトルヘッダーがないため，必要記事をコピーすると誌名と巻号の情報が不明になってあとで困る。いちいち手書きで出典をメモしなければならない。

　要するに，編集する側に形式主義，前例主義が蔓延していて，読者へのアピール姿勢が欠如しているということです。他人による刊行物を扱うプロである図書館員は，自身の編集執筆による刊行物を見るかぎり，読者視点を欠いている点でほとんど素人同然なのです。

　こんな感覚と姿勢で，利用者向けのPR紙がつくられればどうなるかは容易に想像できます。

　以下のポイントに従って改善企画を練り直せば，読まれてためになるPR紙にきっと生まれ変わるはずです。

読んでもらう工夫を

　まずは，本当に読んでほしいと思っているのかどうかが怪しいのです。担当になったから前任者から引き継いだとおりにとにかく期日までに出すことが自己目的化してしまえば，工夫する気持ちも起きません。「どうせ読まれっこない」などと諦めていていいわけはありません。その刊行物を編集・出版・配送するには予算も人手もかかっているのです。もしも刊行の目的自体が時代に合わなくなっているのであれば，現場に役立つように目的を改正するべきでしょう。少なくとも，編集担当者自身が熱意をもって取り組むに値する刊行物はどんなものなのかを考え直すべきです。

　次に，仮に読んでほしいという意思があるとしても，「必要だと思う人なら形式はどうあれ本文を読むはずだ，読むべきだ」という図書館員にありがちな発想が問題です。読んでもらうには，それなりの工夫が必要であることは読者としては知っているはずなのに，編集する側に回ると，とたんに自己中心的な無意識に支配されてしまうのです。この傾向はさまざまな広報媒体をつくる時にもしばしば現れるので要注意です。

刊行物の基本を整える

会報類についての具体的な要改善点として，以下の事項が挙げられます。
- 一面には挨拶文はやめて，トップニュースを入れる。
- 行事報告や講演記録には日時，会場，参加者数などの基本データを必ず入れる。
- 記事群には重要度によって扱いにメリハリをつける。
- 読んで行動に移してほしいという情熱を込めて紙面をつくる。
- 各記事には編集側が依頼した仮タイトルでも筆者がつけたタイトルでもなく，アイキャッチャー見出しを編集者がつける。
- 本文は二段組みで1行を短くし，小見出しを入れて読みやすくする。
- 各ページの左右見開き状態で，必要な書誌事項が表示されるよう，逐次刊行物としてのタイトルヘッダーとページフッターを入れる。

対象者別に媒体を分ける

　PR紙の紙面の内容と形式を改善していこうとすると，同じ記事でも，子供向けと大人向け，男性向けと女性向け，娯楽目的とビジネス目的など，さまざまな要素によって，つくり方が違ってくることに気がつくはずです。
　一括りに利用者といっても，年齢や職業が違えば，図書館の利用頻度や興味の範囲も違うはずです。もともと「誰にでも役立つ記事」なんてありえないのです。それを無理にまとめようとするから「誰にとっても中途半端で面白くない記事」になってしまうのです。
　「PR紙」は読者対象によって分化すべきものです（いわゆる「クラスマガジン」）。多くの利用者に手に取ってもらい読んでもらいたければ，まず読者層を特定し，その特性に合わせた「PR紙」をつくっていけばよいのです。分ければ分けるだけ，その読者層への広報効果は上がります。ただし，分けたら，それぞれのPR紙がお互いにどう違うのかが誰にとってもすぐわかるようにデザイン面で工夫をしなければなりません。

[さまざまなPR紙例] ……………………………………………………………………

神奈川県立川崎図書館が発行する，科学に特化した『科学EYES』（年2回発行）。

神奈川県立川崎図書館の情報紙『SiL（知る）』（年4回発行）は，サイエンス・インダストリー・ライブラリーの頭文字を取ったネーミング。

東京都北区立中央図書館が発行する『ぽけっと』は，区内の図書館群全体PR紙。

千代田図書館のPR紙は施設の利用ポイントなどの他，区内の街情報も紹介。

15…PR紙は活動アピールの強力媒体

一度に複数の「PR紙」に分けて発行することが館内事情から難しければ，最初は各館でもっとも広報効果が上がりそうな主要な利用者層を設定し，その利用者層に対象を絞った「PR紙」を発行してみましょう。それが軌道に乗って余裕ができてきたら，次の対象者を設定すればよいのです。

マンネリ化を避ける

　「PR紙」をより魅力的なものにするためには，記事の内容と形式をいつも見直していくことが必要です。毎年同じ時期に同じネタでは，ネタ切れを悟られてしまいます。中身の薄い記事で紙面をただ埋めるだけでは，利用者に飽きられて当然でしょう。

　たとえば，地域に密着した季節感のある記事を掲載したり，地元の書き手を発掘したりするなど，図書館の地域貢献姿勢が伝わるような内容にしていきたいものです。形式も，ただ原稿を依頼するだけでなく，インタビューやアンケートにしたり，連載やコラムにしたり，いつも新鮮な驚きのある，変化に富んだ紙面づくりに挑戦しましょう。

情報の適量を知る

さびしい　　　適量　　　詰め込みすぎ

ホームページは図書館の新しい顔
デザインは何より基本に忠実に！

　ホームページをつくるときは、ウェブ・ユーザビリティの原則を守ることが何よりも重要です。目立つこと、目新しさ、独創性を目指すことも大切ですが、それは基本をクリアしたうえで、中上級レベルの目標とするべきです。

三層構造で考える

　図書館のホームページをつくる際は、全体を三つの層（レベル）で考える必要があります。一つめは、ホームページづくり一般に共通する基本的な原理原則のレベル。二つめは、図書館というサービス機関固有の共通する情報提供項目と内容・構成のレベル。そして三つめが、自館ならではの存在感を訴求する

ための特徴・個性のレベルです。

ホームページづくりの一般的な原理原則

　ウェブ・ユーザビリティ（ウェブサイトの使い勝手の良さ）については，この分野の第一人者であるヤコブ・ニールセンの基本原則などを参考にして，利用者の立場に立った情報提供を心がけることが大切です。ここでは，ニールセンの主張の中から，いくつかのポイントを整理しておきましょう。

❶ ウェブの一般的なルールを尊重する
　ページ構成，ボタンの位置，各要素の名称などは，わかりやすさや操作のしやすさを重視することが大切。とんでもない位置に「検索」ボタンを置いたり，奇をてらったりしたデザインは違和感を生みます。利用者はさまざまなサイトを利用しているいわば"目利き"ですから，特に意識せずに自然に利用できるようなページづくりをすることが重要です。

❷ 詰め込みすぎを避ける
　隙間がないレイアウトでは利用者がうんざりしてしまいます。全体が把握しやすくなるよう，余裕のあるレイアウトを心がけましょう。文章を書く際は，次の三つのポイントに注意します。
　⑴簡潔に。印刷用文書の50％以下の文字量でまとめる。
　⑵拾い読みができるように，短く段落を区切って見出しをつける。
　⑶複数ページに分ける。ハイパーテキストとしてリンクする。

❸ ページ幅固定を避ける
　狭いウィンドウで表示したときに，左右のスクロールを余儀なくされると使いにくくなります。業務用端末の画面サイズを前提にせず，利用者が小型の端末で見ることも想定に入れておくことが必要です。

❹ 複雑で長いURLを避ける
　覚えにくいURLは，ウェブ・ユーザビリティだけでなく検索エンジン対策面でも不利になります。20～50文字には抑えましょう。

❺ 勝手な造語を避ける
　サービス内容やボタン名に勝手な造語を使うと，利用者に伝わりません。

ニールセンはこのような造語について「幸い，最近は見かけなくなってきた」と付記していますが，図書館界ではそうとも言えないのが残念なところです。

❻ 古いコンテンツは整理する

古い情報自体が悪いわけではなく，新旧がはっきりわかるように整理されていないことが問題だとニールセンは言っています。

古くなった情報については，削除するのではなく過去の実績として残し，将来の閲覧に備えてアーカイブとして保存・公開しておくことも重要です。特に，館の運営上重要な計画書や報告書の類は残すべきです。実施したイベントや研修については，案内ページだけでなく，アンケート調査結果やその分析評価なども活動実績をアピールする貴重な原資料としてできるだけ公開しましょう。

❼ わかりやすい言葉使い

一段落で語るテーマは一つだけとして，文章の構造はシンプルにしましょう。結論から先に述べると内容がわかりやすくなります。軽いタッチは読みやすさにつながりますが，たとえ話やダジャレは避けたほうが賢明な場合もあります。

❽ ページタイトルを考える

異なるページには異なるタイトルをつけましょう。タイトルは，単純でも十分な意味を持つ言葉を使うことが大切です。検索しやすく，動機づけになるような明快な言葉を選びます。

❾ 見出しを考える

コンテンツのごく短い概要となるのが見出しです。ユーザーの目を引きつけるような見出しを考えましょう。どんな内容かを知りたくてクリックさせるような誘い文句ではなく，内容を示すわかりやすい用語を使います。

❿ 可読性の問題

背景は単色か薄い模様にし，文字色と背景色はコントラストを強めて見やすく表現します。誰にでも読める大きさの文字を使い，点滅や拡大縮小などをせずに固定したサイズで表示しましょう。

また，障害者や高齢者に対する配慮も必要です。専用ページを設け，誰もが実用的に使えるようにしましょう。

情報サービス業界での差別化

　経営環境の厳しさの中で，図書館の存在理由の見直しは必然の流れとなっています。いま図書館経営に求められているのは，独自の価値の対外的訴求です。独自の存在感を考えるには，マーケティングの視点が必要になります。

　存続が無条件に保証されていた時代は終わり，図書館は，その他の情報サービス業界の中でのサービス競争の時代に入っています。競争相手は，書店，検索社，コンビニ，最近ではレンタルビデオ業も参入しています。いくら無料といっても，公共図書館の運営費の出所は税金。サービスを受けるために要する費用，時間，手間などの総合コストなどを比較したうえで，利用者は本当に価値のあるものを選択していきます。

　重要なのは，競合する他業種との違いを明確化することです。これがブランディングの基本であり，そこで練られた図書館業界全体のアイデンティティを明快なコンセプトとして言語化し，さらにそれをさまざまなアイテムのデザインとしてビジュアル化していく作業がデザイニングです。具体的には，貸出サービスや相談サービス，市民活動支援（ビジネス，就活，子育てなど），イベント会場貸出サービス，地域ネットワークの拠点など，さまざまな新規領域を開拓し，そうした動きをホームページに活き活きと反映させていかなければなりません。

　これらを徹底的に実践に移した事例としては，「Library of the Year 2011」を受賞した小布施町立図書館（長野県）があります[130]。

自館ならではの存在感を訴求

　自館の個性は，単に目立つという意味ではなく，都道府県あるいは市町村単位の図書館群の全体的な共通性が前提になるものです。個性はあくまで，その共通性の中での他館との差異を表現するものであって，ホームページ担当者のデザインセンスに左右されるものであってはなりません。

❶ まずはブランド要素を明確にすることが大切

　平凡でありきたりではない，個性的なデザインを実現するには，ホームページだけでなく，自館のビジュアルアイテム全体を統合的なシステムとしてとらえるCIの視点が重要となります（p.57 参照）。ホームページのデザインだけが他のアイテムとの整合性を失ってまで個性的である必要はまったくないのです。

　ホームページのデザインを決めるには，ブランド要素として，ブランド・ネーム，ロゴとシンボル，キャラクター，スローガン，パッケージなどのデザインが確立されていることが前提になります。分館の場合は，都道府県あるいは市町村の単位の中央館を含む図書館群全体に共通するデザイン原則を適用することが基本です。分館の個性をビジュアル化するには，その地域の特性，利用者層の特性に合わせて，他の分館との違いを明確化することから始めましょう。

❷ 親組織のデザイン統合との整合性を持たせよう

　図書館は，同じ親組織（自治体，企業，大学，学校等）の下に位置する下部組織の一つですから，図書館のホームページも，親組織のホームページの中の全体的なデザイン統合に対して整合性を持たなければなりません。

　下部組織同士は，親組織の大目的の実現に向けて一致協力して取り組む協働チームです。図書館も他部署同様に，あるいは他部署以上に，サービス改善と経営合理化に前向きに努力している姿勢と実績を内外にアピールしなければなりません。もちろん，ホームページ上にもその姿勢と実績をさりげなく，しかしはっきりと，掲載していくべきでしょう。

パスファインダーは情報探索支援のエース

　個性レベルのさらに各論として，地域密着型の有用情報を多種多様な形で次々と掲載していくことが重要です。特に，情報の探し方ガイドとしてのパスファインダーの提供は，学校連携，社会教育連携，子育て支援など，図書館内外の情報探索ニーズに対して図書館の専門性をアピールする意味でも非常に重要です。レファレンスサービスという待ちの姿勢にとどまるのではなく，レ

```
                                            平成 22 年 12 月 1 日作成

            ┌─────────────────────────────────┐
            │    千代田区政（行政）について調べる      │
            └─────────────────────────────────┘

      [🎲]  パスファインダーとは、あるトピックについて調べるときに役立つ資料やツールを紹介した「情報探索の道しる
            べ」です。

            このパスファインダーでは、千代田区の取り組みや予算、条例、統計などについて調べる際に有効な資料を、千代田
            区発行（編集）の行政資料を中心にご紹介します。

        1.  検索キーワード
            効率よく情報検索を行うには、適切なキーワード選びが大切です。様々な言葉を組み合わせて検索しましょう。

           ┌──────────────────────────────────┐
           │ 東京都、特別区、千代田区、自治(体)、行政、地方自治(体)、地方公共団体、地方行政、区政 │
           │ 予算、統計、広報、区議会、施策、条例、千代田区地球温暖化対策条例、路上禁煙 など    │
           └──────────────────────────────────┘
```

千代田区立千代田図書館のホームページで公開されているパスファインダーの一例。

ファレンス記録の集積を元データとして，トピック別の調べ方ガイドをシリーズ展開し，ホームページ上に積極的に公開していくことは，情報リテラシー教育（支援）サービスの強力なツールとなります。

　これらのホームページ上の情報は，図書館自体の存在感を強化するだけでなく，それらを企画・運用・研究開発しているスタッフの存在感も強化します。情報のプロとしての図書館員の専門性を内外に訴求するには，ホームページ上のパスファインダー群の充実が欠かせません。「サービスは人のためならず！」と言うとおり，自分自身の地位・待遇，社会的評価，プライドのためにこそ，ホームページの充実は必要不可欠なのです。

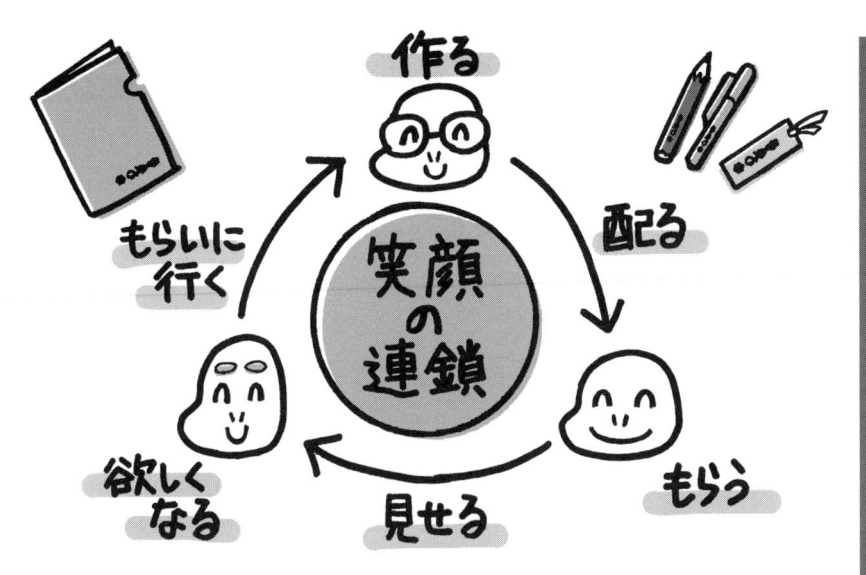

作る
配る
もらう
見せる
欲しくなる
もらいに行く
笑顔の連鎖

図書館グッズで笑顔の連鎖を
つくれば元気の泉わく!

　図書館を認知度・高感度を効果的に向上させる方法として,ここ数年注目を集めているのが図書館グッズです。文具など実用品を中心に,各館の個性あふれるグッズが次々と登場しています。

利用者も図書館員も笑顔になれる「魔法のツール」

　図書館グッズには,図書館員が考えている以上の大きな効果があります。予算しだいで手作りでも外注でも,国内外の良い事例(図書館にかぎらず)を参考にしてつくれそうな一品をとりあえずつくってみれば,その効果がわかるでしょう。グッズをつくり出すまでの過程で図書館員の笑顔が増え,そのグッズ

を受け取った利用者が笑顔になり，渡した図書館員もうれしくなって，また次のグッズをつくりたくなる。「笑顔の連鎖反応」とでもいうべき好循環効果です。

　その結果，図書館内の人間関係も明るくなり，業務全般の改善への積極的な雰囲気が生まれているという多くの報告を読めば，グッズを起点にして広報，利用者教育，展示など次のサービス改善への展開を図るという戦略的な取り組みも成立させることができます。

多種多様な図書館グッズ 企画次第でもっと広がる！

　現在作成されているグッズには，栞やブックカバー，ボールペン，クリアフォルダー，メモ帳等の文房具類を中心に，マグカップ，うちわ，トートバッグ，バッジ，キャラクターぬいぐるみなど，用途としては必ずしも図書館の利用と結びつかないものも数多くあります。グッズの配付が始まった1980年代時点と比べると品目は非常に多岐に渡っており，図書館側の広報姿勢にも変化があったことがうかがえます。

　品目多様化傾向は日本独自のものではありません。アメリカ図書館協会（ALA）が作成・頒布しているグッズのカタログ上に，Tシャツ，帽子，携帯電話用ストラップ，ステッカーなどが並んでいるのを見れば納得できます。

　こうした事実から，図書館グッズを，単に「読書や学習に使うもの」と定義すると狭すぎることがわかります。広報を目的として図書館グッズを企画する場合，「読書や学習に使うもの」というカテゴリーの中で「利用者の図書館利用を補助する」という機能面の限定条件を加えることは必須ではなく，むしろ機能面よりも「利用者に認識してもらいたい図書館像」というメッセージを伝えることのほうに重点が移ってきているのです。

　図書館の新しい建物，施設，設備，サービスを告知するという目的に対して，グッズは非常に効果的です。大切なのは，その告知効果が単に個々の新情報の告知にとどまらず，図書館の顧客重視のサービス姿勢や積極的な集客努力を印象づけるという点にあります。

　グッズ企画を練る際には，直接間接の総合的な効果を考えた上で，最適な品

目を選択し，その組み合わせによる相乗効果を追求することが重要になります。

図書館グッズの動向
アメリカ図書館協会（ALA）の取り組み

　日本において図書館グッズが「粗品」のように感謝や親しみを増すような機能を託したものとすると，アメリカにおけるグッズは，何かのキャンペーンやスローガンを人々に印象づけ，そのグッズを目にするたびに思い出すきっかけになる機能を持つといえるでしょう。

　各図書館が行うさまざまなキャンペーンの一環としては，名士が集う大規模なパーティーやディナーなどもありますが，職場の一室でピザやアイスクリーム，コーヒーなどをふんだんに振る舞うイベント等も開催されます。こうしたイベントのいわば「お土産（giveaways）」として，図書館の名称や連絡先，URL等を入れたグッズを渡すことが推奨されているのです。

　オフィスで使用するボールペン，鉛筆，バッジ，シールなどかさばらないもの以外にも，マグカップ，マグネット（スチールに掲示物を貼る磁石），卓上型のメモパッド，クッションなども好適品です。これらを持ち帰ってオフィスに置くことで，その催しに参加しなかった同僚たちにも会場になった図書館やキャンペーン内容を知らしめることができます。こうした図書館の名入れサービスを行う図書館グッズの専門業者もあり，オンラインで手軽に注文することができます。

　また，大学の図書館オリエンテーションで学生向けに配付するグッズなどは文房具やミニバーなどの小さな袋菓子のほか，雨の多い地域ではポンチョや雨傘，乾燥している地域ではペットボトル入りの水など，実用的なものも多くその種類も多岐にわたっています。

メディアミックスの考え方を！

　昨今の厳しい職場環境でも，グッズをつくり活用することで図書館員自身に元気が出てきます。図書館員の毎日を一瞬でも明るくする効果がグッズには宿っているのです。この効果を最大限に活用することを考えるべきでしょう。
　グッズを企画するとき，自館だけで考えるとすぐ行き詰まってしまいます。そこで大切なのがメディアミックスの考え方。ALAの場合は，ポスターに起用したキャラクターを使って栞やキーホルダーへという展開をしています。キャラクターとしては，映画やテレビ，アニメのスター，実業家，アスリート，歴史的偉人など多彩なラインナップになっています。そして，紙だけでなく，Tシャツ，マグカップ，バッジ，ステッカーなど実にさまざまな品目を揃えています。メディアミックスの考え方でグッズの品目やキャラクターを多種多様に揃えることによって，セット販売をすることもできるうえ，各種グッズ同士での相乗効果も期待できます。

キャラクターづくりは次のステージへ

　日本の自治体における「ゆるキャラ」ブームは全国的に飽和状態に達して淘汰・整理の時代に入りつつあります。後発の図書館界としては，一過性のブームに終わらせない独自の工夫が求められます。すでにサッカーのJリーグとの連携など，地域スポーツ団体との相互支援の取り組みで成果を上げている図書館では，スポーツ界のキャラクターを起用したグッズ展開の土台づくりができているといえます。
　今後は，地元出身の著名漫画家との連携によるポスターや栞を各自治体の図書館で作成し，全国的に発表・交換する場として「コミケ」のようなイベントを実現するなどのプランが浮上してくるでしょう。従来の文芸偏重の固定観念を打破するような意外性のある強力なキャラクターの起用が図書館界には必要なのです。

[実践事例]
北区立中央図書館（東京都）の「ドナルド・キーン コレクション」グッズ

「赤レンガ図書館」として親しまれている北区中央図書館では，北区にゆかりの深いドナルド・キーン氏からの寄贈図書を「ドナルド・キーン コレクション」として公開しています。キーン氏の書き込みのある貴重な図書がコレクション閲覧室内で自由に手に取ることができるほか，閲覧室周辺に，コレクションと同じ図書やキーン氏の著作などの関連図書を用意。キーン家の家紋を入れたオリジナルグッズも販売しています。

北区立中央図書館（東京都）
住所　東京都北区十条台1-2-5
URL　https://www.library.city.kita.tokyo.jp/
1919年，東京砲兵工廠（兵器を製造した軍事施設）として建設された赤レンガの建物を改修し，2008年に図書館として開館。建築デザインや技術でも高く評価され，図書館建築賞など，数々の賞を受賞しています。

和書490冊，洋書297冊，総数787冊が揃う「ドナルド・キーン コレクション」。

オリジナルグッズは，コレクションコーナー前のレファレンスカウンターで販売。

図書の他，絵画6点，掛け軸1点の寄贈品があり，コレクションコーナーに順次展示されています。

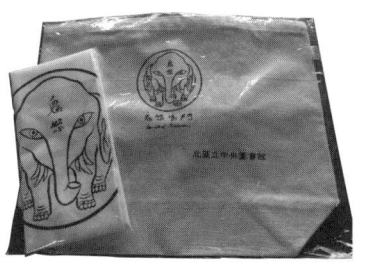

家紋（六本牙の白象）入りエコバッグ　400円
家紋入り手ぬぐい　200円

17…図書館グッズで笑顔の連鎖を　　109

「りてらしい」グッズ

日本図書館協会（JLA）図書館利用教育委員会は，「りてらしい」という造語を入れて，ポスターの他にさまざまなオリジナルグッズを製作しています。

「たのもしい　めざましい　すばらしい　りてらしい」のキャッチコピーを入れたTシャツ，帆布バッグ，布製ブックカバー，キャップ（2000年）。

あとがき

　本書は筆者にとって初の単著です。

　図書館員の専門性崩壊状況の中で，図書館と図書館員の社会的評価を上げるには，図書館員養成と現職者研修の両面で，学ぶ側にも教える側にも従来以上の努力が必要になります。筆者が担当する司書・司書教諭課程の授業では，旧来の一方通行の講義形式から映像教材と毎回の課題レポートを素材にした討論・発表形式に転換することによって，授業評価では「大変だが楽しく学べて非常に身についた」「本気で司書を目指す気になった」という声が目立ちます。現職者研修の講演では，「目からウロコ」「グサリときた」「自分自身を変えなければ」と学び直しの意思表示の声が寄せられています。

　確かに，図書館現場は人が減らされ，忙しい毎日です。新しいことに取り組む余裕がなくなっています。しかし，それを言い訳にして，自己アピールの努力を怠ったら，専門職としての社会的評価はいよいよ地に落ちるだけでしょう。本当に逆境をはねかえしたかったら，「できない理由」をあげつらうことよりも，すぐできることから積極的に取り組みを始めるしかありません。多少の無理を押してでも，です。

　本書は，ともすれば現状に甘んじそうになる図書館員と図書館員志望学生に向けて，意欲と誇りを取り戻してもらうための応援歌です。本書ＰＲ編が好評で迎えられたら，続編のブランディング編，パスファインダー編などを刊行していく予定です。広く活用されることを願ってやみません。

　編集担当の石村早紀さん，飯田真由美さんには，構成，編集，取材調査でお世話になりました。イラストレーターの大毛里紗さんには，細かな要望をきっちり盛り込んだ素敵な絵を描いていただきました。社の主力の教科書類とは一味違った軽くて薄い実用書の刊行に英断を下していただいた樹村房の大塚栄一社長に敬意を表します。取材に応じていただいた図書館のみなさまにも厚くお礼を申し上げます。

　　2014年10月8日

　　　　　　　　　　　　　　　　　　　　　　　　　　　　仁上 幸治

引用・参考文献

※以下に掲載する URL は全て 2014 年 9 月に確認しています。

■全体
1) 阪田蓉子「図書館 PR」『図書館情報学の地平：50 のキーワード』三浦逸雄監修，日本図書館協会，2005，p.269-274.
2) 私立大学図書館協会図書館サービス研究分科会広報グループ『図書館広報を考えなおす：戦略への脱皮をめざして』私立大学図書館協会図書館サービス研究分科会広報グループ，1982，186p.
3) 私立大学図書館協会東地区部会研究部企画広報研究分科会編『図書館広報実践ハンドブック：広報戦略の全面展開を目指して』日本図書館協会，2002，303p.
4) 田中均『図書館を変える広報力：Web サイトを活用した情報発信実践マニュアル』日外アソシエーツ，2012，197p.
5) 仁上幸治「研究文献レビュー　図書館の「広報」は進化しているか？：説明責任と自己アピールの時代に求められる理論と実践」カレントアウェアネス・ポータル，no.305，2010-09-20，http://current.ndl.go.jp/ca1728
6) 仁上幸治「ライブラリアンのための広報戦略マニュアル：専門性を訴求する 5 つのポイント」『専門図書館』no.225，2007.9，p.88-93.
7) 文部科学省これからの図書館の在り方検討協力者会議 "これからの図書館像：地域を支える情報拠点をめざして（報告）" 2006.3．http://warp.da.ndl.go.jp/info:ndljp/pid/286184/www.mext.go.jp/b_menu/houdou/18/04/06032701.htm

■01 いま図書館員に求められる専門性
8) 日本図書館協会図書館利用教育委員会 "図書館利用教育ガイドライン" 日本図書館協会図書館利用教育委員会，http://www.jla.or.jp/portals/0/html/cue/gl-a.html（引用は総合版「2．定義」）
※上記 URL のメニューから各種ガイドラインを閲覧することができます。
9) 日本図書館協会図書館利用教育委員会編『図書館利用教育ガイドライン合冊版：図書館における情報リテラシー支援サービスのために』日本図書館協会，2001，81p.
10) 日本図書館協会図書館利用教育委員会編『図書館利用教育ハンドブック：大学図書館版』日本図書館協会，2003，209p.

■02 新しい図書館員像を目指す
11) 石田雄太『イチロー・インタヴューズ』文藝春秋，2010，379p．引用は p.157.
12) 仁上幸治「インタビュー：ガイドラインＱ＆Ａ」『大学の図書館』no.304，第 18 巻 3 号，1999.3，p.36-38.
13) 仁上幸治「＜指導サービス＞の時代がやってくる！：図書館は利用者の何を支援しているのか―」『利用教育委員会通信』37 号，1997.8，p.6-7.
14) 仁上幸治「情報リテラシー教育と新しい図書館員像：『新・図書館の達人』から『図書館利用教育ガイドライン』まで」『館灯』第 41 号，2003.3，p.39-52.
15) 日本図書館協会利用教育委員会「図書館利用教育のガイドライン（素案）発表!!」『図書館雑誌』vol.87，no.9，1993.9，p.677-679.

16) 日本図書館協会利用教育委員会「学校図書館を情報教育の拠点に：図書館利用教育ガイドライン（学校図書館：高等学校案）案」『図書館雑誌』vol.90，no.10，1996.10，p.796-799.
17) 日本図書館協会利用教育委員会「情報教育を図書館サービスのもうひとつの柱に！：図書館利用教育ガイドライン（第2次案）まとまる」『図書館雑誌』vol.89，no.10，1995.10，p.837-843.
18) 日本図書館協会利用教育委員会「図書館利用教育を全学生の必修に！：カリキュラムに組み込んでいくための実績づくり 図書館利用教育ガイドライン（大学版）第2次案」『図書館雑誌』vol.90，no.6，1996.6，p.408-411.
19) 丸本郁子「人・時間・予算の壁は突破できる：JLA利用者教育臨時委員会連続座談会を終えて」『図書館雑誌』vol.85，no.10，1991.10，p.694-697.
※連続座談会は，他に『図書館雑誌』1990.9；1991.4,6,8,10；1993.7；1994.11.にも掲載。

■03 大学の情報リテラシー教育への直接貢献
20) 仁上幸治「大学図書館員のためのオリエンテーション技法：印象づけを重視した構成・演出の改善の試み」『医学図書館』vol.52，no.1，2005.3，p.15-24.
21) 仁上幸治「デジタルリソースのフル活用へ向けて：講習会の刷新からオンデマンド教材の開発まで」『館灯』第46号，2008.3，p.22-38.（私立大学図書館協会西地区部会東海地区協議会研究会講演記録，2007.12.04，名古屋ガーデンパレス）
22) 仁上幸治「文献調査法の専門分野別最先端情報の共有へ向けて：研究室内知識伝承者を養成するインストラクター講習会の試み」『ふみくら』no.77，2008.12，p.4-5.
23) 日本図書館学会研究委員会編『図書館における利用者教育：理論と実際』日外アソシエーツ，1994，248p.
24) 日本図書館協会利用者教育臨時委員会「「人・時間・予算」の壁を破る利用者教育の強力ツール新登場：ライブラリービデオシリーズ『図書館の達人』完成報告」『図書館雑誌』vol.86，no.11，1992.11，p.798-799.
25) 日本図書館協会利用者教育臨時委員会「利用者教育ビデオシリーズへの熱い期待：「図書館の達人」反響（中間総括）」『図書館雑誌』vol.87，no.8，1993.8，p.553-556.
26) 日本図書館協会図書館利用教育委員会編『情報リテラシー教育の実践：すべての図書館で利用教育を』日本図書館協会，2010，p.88-108.
27) 丸本郁子・椎葉傲子編『大学図書館の利用者教育』日本図書館協会，1989，256p.

■04 くらしの中の情報リテラシー教育
〈学校図書館〉
28) 学校図書館改造計画（田村組）『学校図書館改造計画CD-ROM』，2008.8，1枚.
29) 学校図書館問題研究会編『学校司書って，こんな仕事：学びと出会いをひろげる学校図書館』かもがわ出版，2014，136p.
30) 全国学校図書館協議会企画・製作『司書教諭の仕事：授業が変わる学校が変わる』紀伊國屋書店（発行），2000，VHS，29分.
31) 全国学校図書館協議会編『情報を学習につなぐ：情報・メディアを活用する学び方の指導体系表解説』全国学校図書館協議会，2008，47p.
32) 田村修「いまどきの学校図書館事情：学校図書館って，どんな「場」？」『MORGEN』no.76，2007.11，p.11.
33) 田村修「図書館をデザインする」『みんなの図書館』no.188，1993.1，p.2-11.
34) 成田康子『高校図書館：高校図書館生徒がつくる，司書がはぐくむ』みすず書房，2013，

252p.
35) 成田康子『みんなでつくろう学校図書館』岩波書店，2012，214p.
36) 仁上幸治「オリエンはエンタメだ！：素敵な印象を伝えるプレゼンテーションを」『学図研ニュース』no.229，2005.3，p.2-5.
37) 仁上幸治「学校図書館のブランディング戦略：評価されるためにギリギリまで工夫を！」『学図研ニュース』no.326，2013.4，p.2-6.
38) 仁上幸治「情報メディアは作ってみればわかる：メディアリテラシー指導のプロ教師を育てる授業の工夫－」『帝京大学情報処理センター年報』16巻，2014.7，p.95-109.
39) 仁上幸治「情報リテラシー教育を担う小中学校教員をいかに養成するか：教職志望学生の徹底改造を目指す司書教諭科目からの提言」『帝京大学総合教育センター論集』vol.5，2014.3，p.69-93.
40) 仁上幸治「もっと明るく楽しいメディアリテラシー教育を：読解の前に表現中心の体験実習を工夫しよう」『学図研ニュース』no.277，2009.3，p.11-15.
41) 仁上幸治「わが校の図書館あんない：早稲田大学高等学院」『学校図書館』no.489，1991.7，p.70-71.
42) 村上恭子『学校図書館に司書がいたら：中学生の豊かな学びを支えるために』少年写真新聞社，2014，175p.
43) (有) 学校図書館改造計画 HP：http://www.geocities.jp/library_remodeling/
44) 『学校図書館の達人　第１巻：へー！図書館って…　図書館のしくみと役割』紀伊國屋書店，2010，DVD，21分．(スクール・ライブラリーシリーズ)．

〈公共図書館〉
45) 菅谷明子『メディア・リテラシー：世界の現場から』岩波書店，2000，230p. 引用は p.ix.
46) 仁上幸治「これは危機ではない？：困った利用者よりずっと困った問題群」『図書館雑誌』vol.98，no.11，2004.11，p.838-841.
47) 仁上幸治「コンビニに負けない生涯学習支援サービスを！：市民の情報リテラシーと社会教育」『月刊社会教育』vol.44，no.10，2000.10，p.22-27.

■05「広報＝お知らせ」という誤解から抜け出す
48) 白石昌則，東京農工大学の学生の皆さん『生協の白石さん』講談社，2005，149p.
49) 仁上幸治「図書館を見違えるほど魅力的に！：少人数職場ならではの即効変身術」『短期大学図書館研究』no.29，2009，p.49-53.
50) 仁上幸治「何を誰にどう訴えればよいのか」『専門図書館』no.239，2009，p.2-7.
51) 柳与志夫『図書館経営論』学文社，2007，154p. 引用は p.119.

■06 発想力で勝負するPR実践事例
52) 猪谷千香『つながる図書館：コミュニティの核をめざす試み』筑摩書房，2014，238p.
53) 魚瀬ゆう子・文，水上悦子・絵『カモシカとしょかん』桂書房，2009，1冊．
54) 小山市立中央図書館「「再チャレンジ」を支援する図書館」『社会教育』vol.64，no.2，2009.2，p.20-23.
55) マイロン，ヴィッキー『図書館ねこデューイ：町を幸せにしたトラねこの物語』Myron, Vicki [Dewey] 羽田詩津子訳，早川書房，2008，322p.
56) おやま地産地消ライブラリー：http://library.city.oyama.tochigi.jp/chisanchisyou/

■07 ニーズこそサービスを考える大前提
57） 鎌倉幸子『走れ！移動図書館：本でよりそう復興支援』筑摩書房，2013，223p.
58） コトラー，フィリップ；アンドリーセン，アラン R.『非営利組織のマーケティング戦略』Kotler, Philip；Andreasen, Alan R [Strategic marketing for nonprofit organizations] 井関利明監訳，新日本監査法人公会計本部訳，第一法規，2005，798p.
59） コトラー，フィリップ；リー，ナンシー『社会が変わるマーケティング：民間企業の知恵を公共サービスに活かす』Kotler, Philip；Lee, Nancy [Marketing in the public sector] スカイライトコンサルティング株式会社訳，英治出版，2007，423p.
60） 仁上幸治「軽いノリと少しの勇気：利用者満足度調査は自信と希望の証」『図書館雑誌』vol.96, no.11, 2002.11, p.872-875.
61） 仁上幸治「図書館マーケティングとプランニング・プロセス論：経営革新をめざす「実行可能な方法」の開発と導入」『専門図書館』no.192, 2002.3, p.8-18.
62） McClure, C. R. "The planning process: strategies for actions" College & Research Libraries. vol.39, no.6, 1978, p.456-466.
63） Potter, Ned. The Library Marketing Toolkit. Facet Pub., 2012, 218p.

■08 経営を大胆に見直す
64） 仁上幸治「これからの「PR」の話をしよう：いまを生き延びるための図書館経営学」『病院図書館』vol.30, no.3, 2011.5, p.124-132.
65） 寄居町立図書館：http://www.lib.yorii.saitama.jp/

■09 図書館のアイデンティティを確立する
66） ケラー，ケビン・レーン『戦略的ブランド・マネジメント』第 3 版, Keller, Kevin Lane [Strategic brand management.3rd ed.］恩藏直人監訳，バベル訳，東急エージェンシー出版部，2010，822p.
67） 小林麻実「六本木ライブラリーのアイデンティティ」『情報の科学と技術』vol.56, no.2, 2006, p.52-57.
68） 菅谷明子「図書館のブランド戦略」『未来をつくる図書館：ニューヨークからの報告』岩波書店，2003，p.176-184.
69） 杉田いづみ「大学図書館を取り巻く環境変化と図書館の広報戦略―図書館サービスのブランド化を目指して」『館灯』第 45 号，2007，p.1-7.
70） 中西元男『コーポレート・アイデンティティ戦略：デザインが企業経営を変える』誠文堂新光社，2010，408p.
71） 仁上幸治「学校図書館のブランディング戦略：評価されるためにギリギリまで工夫を！」『学図研ニュース』no.326, 2013.4, p.2-6.
72） 仁上幸治 " 図書館長のための自分ブランディング講座：内外に味方を増やすキャラクターの作り方" 全国公共図書館協議会研究集会講演録（2013.06.28），http://www.library.metro.tokyo.jp/zenkoutou/tabid/2268/Default.aspx
73） 仁上幸治「図書館の魅力は細部に宿る：「ちょっとした工夫」を超えるブランド戦略」『ほすぴたるらいぶらりあん』vol.36, no.1, 2011.3, p.8-14.
74） 柳与志夫『千代田図書館とは何か：新しい公共空間の形成』ポット出版，2010，200p.
75） 千代田区立千代田図書館：http://www.library.chiyoda.tokyo.jp/
76） パオス：http://www.paos.net/

■10 PR媒体には目を引き読ませる技を使う
77) 石田恭嗣『レイアウトアイデア見本帳』MdN コーポレーション，2003，143p.
78) 仁上幸治「図書館広報はなぜ読みにくいのか（中級編）：レイアウト改善の 5 つのポイント」『館灯』第 47 号，2009.3，p.124-129.
79) 町田忍『戦時広告図鑑：慰問袋の中身はナニ？』WAVE 出版，1997，219p.
80) 丸山尚『広報紙・社内報づくりの実務』中央経済社，1988，295p.
81) 安田輝男『あの広告はすごかった！：日本の優秀アイデア作品集』中経出版，1997，399p.
82) 矢野直明『情報編集の技術』岩波書店，2002，200p.
83) レイアウトデザイン研究会編『レイアウトデザイン見本帖：書籍編』ピアソン・エデュケーション，2000，217p.
84) 教育講座を受ける | 宣伝会議オンライン：http://www.sendenkaigi.com/kyoiku/
85) 宣伝会議オンライン：http://www.sendenkaigi.com/
86) 編集の学校／文章の学校：http://www.editorschool.jp/
87) 『Event flyer graphics』ピエ・ブックス，1996，216p.

■11 ポスターは「目立つ」が命
88) 久野寧子編『キャッチコピー大百科 業種別』ピエ・ブックス，1996，598p.
89) 久野寧子取材・編『雑誌広告キャッチコピー大百科：業種別』ピエ・ブックス，1998，594p.
90) 帝都高速度交通営団『マナーポスター 100：世相 10 年』帝都高速度交通営団，1983，124p.
91) 帝都高速度交通営団『マナーポスター 200：200+1 の軌跡』帝都高速度交通営団，1991，207p.
92) 東京メトロマナーポスター：http://www.tokyometro.jp/corporate/csr/society/manner/index.html?utm_source=dlvr.it&utm_medium=twitter
93) 仁上幸治「広報活動における相互協力の拡大：ポスター・本の栞の共同制作の歩み」『私立大学図書館協会会報』no.86，1985.6，p.65-100.
94) 姫路市立美術館，凸版印刷株式会社印刷博物館編『大正レトロ・昭和モダン広告ポスターの世界：印刷技術と広告表現の精華』国書刊行会，2007，190p.
95) 牟田静香『人が集まる！行列ができる！講座，イベントの作り方』講談社，2007，187p.
96) 日本図書館協会ポスター：http://www.jla.or.jp/publications/goods/tabid/230/Default.aspx#kinenbiposter
97) ALA Graphics Catalog：http://www.alastore.ala.org/pdf/ALA_Graphics_Catalog.pdf

■12 サインは「おもてなし」の入口
98) 尼川ゆら，多賀谷津也子，尼川洋子『図書館を演出する：今，求められるアイデアと実践』丸本郁子監修，人と情報を結ぶ WE プロデュース，2010，97p.
99) 高橋昇，仲谷由香理，仁上幸治「新図書館とサインシステム計画：UI（ユニバーシティ・アイデンティティ）によるデザイン統合システムの開発をめざして」『早稲田大学図書館紀要』no.27，1987.3，p.58-90.
100) 日本建築学会『建設設計資料集成 10：技術』丸善，1983，p.119-140.
101) 平岡健次，須賀晋一郎「大学図書館のサイン：現状分析と一考察　利用者の視点に立った改善の進め（平成 10 年度私立大学図書館協会東地区部会研究部研究会講演・研究発表記録）」『私

立大学図書館協会会報』no.112，1999.7，p.97-109.
102）神奈川県立川崎図書館：http://www.klnet.pref.kanagawa.jp/kawasaki/
103）十文字中学・高等学校図書館（東京都）：http://js.jumonji-u.ac.jp/articles/-/19
104）東京都北区立中央図書館：http://www.library.city.kita.tokyo.jp/
105）「特集 図書館の排架とサイン計画」図書館雑誌，vol.99，no.3，2005.3，p.152-169.
106）山梨県立図書館：https://www.lib.pref.yamanashi.jp/

■13 掲示にもルールがある
107）池上彰『わかりやすく〈伝える〉技術』講談社，2009，238p.
108）宣伝会議コピーライター養成講座編『最新約コピーバイブル』宣伝会議，2007，267p.
109）谷山雅計『広告コピーってこう書くんだ！読本』宣伝会議，2007，235p.
110）デンツウデザインタンク編著『新アートディレクター入門』後藤徹監修，電通，2007，234p.
111）藤沢晃治『図解「伝える」技術ルール10：話して伝える，書いて伝える，図表で伝える』講談社，2006，95p.
112）藤原慎也『わかりやすく伝える技術：ビジネスを円滑に進めるコミュニケーション・スキル』PHP研究所，2004，173p.
113）ブルボン小林『ぐっとくる題名』中央公論新社，2006，205p.
114）眞木準『胸からジャック。：心にささる一行メッセージのつくりかた。』大和書房，2007，175p.

■14 パンフレット・リーフレットはシリーズ展開の勝負
115）岩永嘉弘『一行力』草思社，2004，206p.
116）オブスキュアインク『レイアウトデザインのルール：目を引くページにはワケがある。』ワークスコーポレーション，2008，143p.
117）中川佳子『「情報を見せる」技術：ビジュアルセンスがすぐに身につく』光文社新書，2003，253p.
118）藤沢晃治『「分かりやすい説明」の技術：最強のプレゼンテーション15のルール』講談社，2002，173p.
119）藤沢晃治『「分かりやすい表現」の技術：意図を正しく伝えるための16のルール』講談社，1999，189p.
120）堀内敬一『売れる！チラシのデザインルール』グラフィック社，2006，163p.

■15 PR紙は活動アピールの強力媒体
121）平野友朗『「始めてみたけど効果がない」と思っている人の「やり直し」のメルマガ営業術』ダイヤモンド社，2007，234p.
122）ゆうきゆう『メルマガで人気者になろう！：今日からはじめるメルマガ超入門』大和書房，2005，197p.
123）高橋浩子『行列のできるメルマガ作成入門』翔泳社，2004，256p.
124）谷山雅計「話題を作る技術」『私の広告術』広告批評編，マドラ出版，2000，p.106-114.

■16 ホームページは図書館の新しい顔
125）ニールセン，ヤコブ『ウェブ・ユーザビリティ：客を逃がさないサイトづくりの秘訣』

Nielsen, Jakob［Designing web usability］篠原稔和監修，グエル訳，MdN コーポレーション，2000，343p.
126）ニールセン，ヤコブ『マルチメディア＆ハイパーテキスト原論：インターネット理解のための基礎理論』Nielsen, Jakob［Multimedia and Hypertext］篠原稔和監訳，三好かおる訳，東京電機大学出版局，2002，411p.
127）ニールセン，ヤコブ『ユーザビリティエンジニアリング原論：ユーザーのためのインタフェースデザイン』Nielsen, Jakob［Usability Engineering］篠原稔和監訳，三好かおる訳，東京電機大学出版局，2002，298p.
128）ニールセン，ヤコブ；タヒル，マリー『ホームページ・ユーザビリティ：顧客をつかむ勝ち組サイト32の決定的法則』Nielsen, Jakob；Tahir, Marie［Homepage usability］風工舎訳，MdN コーポレーション，2002，244p.
129）ニールセン，ヤコブ；ロレンジャー，ホア『新ウェブ・ユーザビリティ：Web2.0時代に優先すべき最重要ルール』Nielsen, Jakob；Loranger, Hoa［Prioritizing Web usability］斉藤栄一郎訳，MdN コーポレーション，2006，231p.
130）花井裕一郎『はなぽん：わくわく演出マネジメント』文屋，2013，254p.
131）"米国の大学図書館と公共図書館のウェブサイトのデザインとユーザビリティの調査報告（文献紹介）" カレントアウェアネス・ポータル，2014-05-26，http://current.ndl.go.jp/node/26212

■17 図書館グッズで笑顔の連鎖を
132）武尾亮，遠山有紀，清水弥生子他「共同制作からはじめる図書館広報グッズの作成：創造的な活用と共有をめざして」『大学図書館研究』vol.85，2009.3，p.12-22.
133）図書館サービス・ツール研究会編著『ライブラリー・グッズの調査・研究と企画・開発（平成21年東京都図書館協会研究助成報告書）』，2010.2，33p.
134）仁上幸治「グッズが図書館を元気にする！：暗い状況でも楽しめる最強秘密兵器」『大学の図書館』vol.28，no.5，2009.5，p.70-75.
135）仁上幸治，中島玲子，石川敬史「笑顔を生み出す'魔法'の戦略ツール：図書館グッズの研究・開発・普及活動」『薬学図書館』vol.55，no.2，2010.4，p.94-101.
136）渡辺ゆきの「図書館キャラクターミニ図鑑」『図書館雑誌』vol.104，no.4，2010.4，p.214-216.
137）渡辺ゆきの「参加型のしおり「kumori」：本との出会いを提供する試み」『情報の科学と技術』vol.61，no.2，2011.2，p.76-81.
138）渡邊ゆきの「kumoriのデザイン」『大学の図書館』vol.30，no.8，2011.8，p.140-142.
139）渡辺由利子 "［動向レビュー］ライブラリー・グッズの可能性－ミュージアム，米・英の国立図書館の事例を通して" カレントアウェアネス・ポータル，no.307，2011-03-20，http://current.ndl.go.jp/ca1742
140）kumori 本と人をつなげるしおり：http://kumori.info/

　なお，筆者による講演記録や論文記事の多くは以下の筆者ホームページで全文公開されていますので，ダウンロードしてご利用ください［https://sites.google.com/site/nikamik23/home］。

索引

▶あ行
アイキャッチャー ······················· 96
朝市 ·· 46
印象づけ ····································· 19
ウェブ・ユーザビリティ ········ 99, 100
オリエンテーション ··················· 25

▶か行
ガイダンス ································· 25
外注 ·· 92
外部委託 ································ 10, 11
キャッチコピー ·························· 74
掲示 ·· 73
研修 ·· 32
講習会 ···································· 25, 58
広報紙 ··· 30
コンビニ ····································· 91

▶さ行
サービス案内 ····························· 20
サイン ···································· 73, 77
事業仕分け ······························ 43, 52
司書課程 ····································· 13
情報整理法指導 ·························· 21
情報探索法指導 ·························· 20
情報表現法指導 ·························· 21
情報リテラシー ······················ 11, 24
情報リテラシー教育 ·········· 13, 26, 27
選書基準 ····································· 29
専門性 ·································· 9, 10, 12

▶た行
チラシ ··· 83
投書箱 ··· 29

図書館グッズ ····························· 105
図書館利用(者)教育 ··················· 13
図書館利用教育委員会 ················ 13
図書館利用教育ガイドライン ······ 13

▶な行
ニーズ ···································· 52, 86
日本図書館協会 ·························· 13
農業支援 ····································· 45

▶は行
パンフレット・リーフレット ··· 73, 86
ビジネス支援 ····························· 45
非専任化 ································ 10, 11
ブランディング ······················ 65, 66
プランニング・プロセス ············ 53
ホームページ ····························· 90
ポスター ································ 73, 83

▶ま・ら行
マーケティング ·························· 51
メディアミックス ···················· 44, 90
メディアリテラシー ··················· 32
リクエスト ································· 30

▶欧文
CI（コーポレート・アイデンティティ：
　Corporate Identity）············ 63, 103
LI（ライブラリー・アイデンティティ：
　Library Identity）······················· 64
PR（パブリック・リレーションズ：
　Public Relations）······· 9, 29, 31, 41, 42
PR紙 ····································· 73, 96
SI（スクール・アイデンティティ：
　School Identity）······················· 64
UI（ユニバーシティ・アイデンティティ：
　University Identity）·················· 64

119

著者プロフィール

仁上 幸治（にかみ・こうじ）

図書館サービス計画研究所（トサケン）代表。
早稲田大学図書館司書、帝京大学総合教育センター准教授を経て現職。
私立大学図書館協会企画広報研究分科会代表。
日本図書館協会図書館利用教育委員会委員などを歴任。
法政大学、亜細亜大学、東京家政大学、桜美林大学で非常勤講師。
都立国立高校、早稲田大学理工学部卒業。
筑波大学大学院図書館情報メディア研究科博士後期課程満期退学。
主な著書（共著）『図書館利用教育ガイドライン（合冊版）』（日本図書館協会、2001）。
『図書館広報実践ハンドブック』（日本図書館協会発売、2002）。
『専門資料論』（改訂版、新図書館学シリーズ、8、樹村房、2012）。
『専門資料論』（新訂版、JLA図書館情報学テキストシリーズ、II-8、日本図書館協会、2010）。
ビデオ教材『図書館の達人』、『新・図書館の達人』、『情報の達人』企画監修委員。
日本図書館情報学会、日本未来学会会員。

現職図書館員向け講演は生涯合計300本超。
趣味は草野球、クサガメ飼育、現代美術観賞。

図書館員のためのPR実践講座
―味方づくり戦略入門―

2014年10月30日　初版第1刷発行
2018年12月19日　初版第4刷

検印廃止

著　者Ⓒ　仁上　幸治
発行者　　大塚　栄一

発行所　株式会社　樹村房
〒112-0002
東京都文京区小石川5丁目11番7号
電　話　東京 03-3868-7521
FAX　東京 03-6801-5202
http://www.jusonbo.co.jp/
振替口座　00190-3-93169

デザイン・組版／BERTH Office
印刷／美研プリンティング株式会社
製本／有限会社愛千製本所

ISBN978-4-88367-239-4
乱丁・落丁本は小社にてお取り替えいたします。